SCHÖN UND NATÜRLICH WOHNEN

Elizabeth Wilhide
und Joanna Copestick

SCHÖN UND NATÜRLICH WOHNEN

1000 Einrichtungsideen
und 15 Projekte für die Gestaltung
von Wänden, Böden,
Fenstern und Textilien

Fotos der Arbeitsanleitungen
von James Merrell,
erarbeitet von Susan Skeen

Christian Verlag

HINWEIS

Alle Infomationen und Hinweise, die in diesem Buch enthalten sind, wurden vom Autor nach bestem Wissen erarbeitet und von ihm und dem Verlag mit größtmöglicher Sorgfalt überprüft. Unter Berücksichtigung des Produkthaftungsrechts müssen wir allerdings darauf hinweisen, daß inhaltliche Fehler oder Auslassungen nicht völlig auszuschließen sind. Für etwaige fehlerhafte Angaben können Autor, Verlag und Verlagsmitarbeiter keinerlei Verpflichtung und Haftung übernehmen.

Korrekturhinweise sind jederzeit willkommen und werden gerne berücksichtigt.

Aus dem Englischen übersetzt von
Ulrike Wasel und Klaus Timmermann
Redaktion: Angelika Franz
Korrektur: Mischa Gallé
Umschlaggestaltung: Horst Bätz
Herstellung: Dieter Lidl
Satz: Josef Fink GmbH, München

Die Originalausgabe mit dem Titel *Natural Decorating* wurde erstmals 1995 im Verlag Conran Octopus Limited, London, veröffentlicht.

Fotos der Arbeitsanleitungen
von James Merrell, erarbeitet von
Susan Skeen
Zeichungen: Carolyn Jenkins

Druck und Bindung: Mandarin Publishers
Printed in Hong Kong

ISBN 3-88472-305-7

INHALT

NATÜRLICHES WOHNEN

Noch nie hat die Natur einen so hohen Stellenwert gehabt. Das Dekorieren und Einrichten mit natürlichen Materialien, die echt, robust, praktisch und lebensnah sind, ist nicht so sehr ein Stil als vielmehr Ausdruck einer Lebensphilosophie. Heutzutage wechseln die Trends bei der Inneneinrichtung mit verwirrender Schnelligkeit; ein Stil, der früher ein ganzes Jahrzehnt geprägt hätte, ist heute schon nach einer Saison aus der Mode. Wer in den letzten zehn Jahren der jeweils aktuellen Mode im Bereich der Raumgestaltung folgen wollte, mußte schon über ein ansehnliches Konto und über ausreichend Zeit verfügen, und obendrein über eine unstillbare Lust auf Veränderung. Wenn wir unseren Geschmack stets nach dem letzten Schrei ausrichten, ist es kein Wunder, daß diese Schnellebigkeit letztlich zur Oberflächlichkeit in Fragen der Innenausstattung führt.

Das Dekorieren und Einrichten mit natürlichen Materialien hat dagegen Dauerhaftes im Sinn. Materialien, denen das Alter nichts anhaben kann und die mit den Jahren sogar noch besser werden, Einrichtungselemente, die in erster Linie behaglich, einfach und praktisch sind, zeitlose Oberflächen, die sowohl schön anzusehen als auch umweltfreundlich sind – das alles hilft uns ein wenig über den Alltagsstreß hinweg. Es wird immer Raum für Neuheiten geben, doch allmählich setzt sich die Erkenntnis durch, wie wichtig es ist, in einer Umgebung zu leben, die uns wirkliches Wohlbehagen vermittelt und nicht bloß die Kulisse unseres materiellen Erfolges darstellt.

Der große Vorteil dieser Einstellung liegt in ihrer Vielseitigkeit. Wie bei der Kleidung, durch die wir unsere individuelle Persönlichkeit zum Ausdruck bringen können, so wirken auch natürliche Materialien im Wohnbereich in vielen verschiedenen Kontexten, indem sie die Grundeigenschaften von Licht und Raum hervorheben, statt einem extravaganten Modestil Ausdruck zu verleihen. In Landhäusern, wo einfache Materialien das Zusammenwirken von Innen- und Außenräumen verstärken, ist der natürliche Wohnstil besonders passend. Natürliche Einrichtungselemente wirken in Räumen mit traditionellen Stilmöbeln zurückhaltend und elegant, in modernerem Ambiente frisch und positiv und überwinden so die herkömmlichen Unterschiede zwischen Stadt und Land, alt und modern, exotisch und rustikal.

OBEN: Rohrmatten auf einem Metallrahmen bilden eine urwüchsige Markise.

LINKS: Bemalte, handgeflochtene Körbe haben eine warme Struktur und sind schöne Behälter zum Verstauen der unterschiedlichsten Dinge.

Die matten Pastelltöne natürlicher Anstriche und die satten Erd- und Pflanzentöne natürlicher Farbstoffe, die unmittelbare Harmonie von Holz, Stein und

Bambus ist ein strapazierfähiges, schnellwachsendes und haltbares Rohr, das im Fernen Osten vielfach als Baumaterial verwendet wird. Sein warmer Ockerton und seine leicht gesprenkelte Textur verleihen diesem schlichten Strandhaus eine ruhige und farbig akzentuierte Ordnung. Die frei liegenden Holzbalken und das mit Bambusstangen durchsetzte Gebälk erzeugen ein außergewöhnlich dekoratives geometrisches Muster.

Terrakotta, die erlesene Schlichtheit von Leinen, Kattun, Musselin, Korb und Raffiabast – alle diese Elemente und ihre Eigenschaften haben in der Raumgestaltung eine lange Geschichte; jetzt ist die Zeit gekommen, die traditionellen Werte dieser natürlichen Stoffe wiederzuentdecken. In dem Maße, wie das ökologische Bewußtsein zunimmt, wird auch die Verwendung von natürlichen Materialien bei der Schaffung einer gesünderen Umgebung und bei der besseren Nutzung natürlicher Rohstoffe immer befriedigender.

Gründe für natürliches Wohnen

In den letzten Jahren ist das Interesse an tradierten Formen der Innenausstattung unaufhörlich gewachsen, ein Trend, der das Bewußtsein für die Vielseitigkeit, Raffinesse und Eleganz alter Fertigkeiten und Methoden geschärft hat. Wer mit der Vorstellung groß geworden ist, daß Anstreichen nichts anderes bedeutet, als Dispersionsfarbe (Latexfarbe) in einen Eimer zu gießen und sie dann auf die Wand zu rollen, für den ist die Erfahrung, wie ausgefeilt all diese längst vergessenen Techniken sind, eine Offenbarung. Ebenso überraschend ist die Entdeckung, daß es nicht allein die Methoden sind, die derlei beeindruckende Wirkungen erzeugen, sondern auch die Grundstoffe, und daß beispielsweise eine mit Leimfarbe gestrichene Wand, trotz der vielen Nachteile, weitaus mehr Charakter besitzt als eine Wand, die mit Vinylfarbe gestrichen wurde.

Nicht selten werden, was Historiker der Innenarchitektur unterstreichen würden, historisch authentische Methoden und Materialien mit »natürlichen« verwechselt. Das ist besonders bei Farben der Fall. Kalk, Arsen, Blei oder Quecksilber, allesamt Bestandteile früherer Lacke und Farben, haben nichts Natürliches im Sinne von ungefährlich oder gesund. Unsere Vorfahren hatten schlichtweg noch keine Kenntnisse über die industriellen Herstellungsverfahren, die uns heute mit einer schier unermeßlichen Vielfalt von synthetischen Materialien versorgen. Diese sind in jedem Winkel unserer Häuser zu finden, von den Fasern in unseren Teppichen bis hin zur Politur auf unseren Möbeln. Früher wurden die Häuser mit den Materialien gebaut, möbliert und ausgeschmückt, die man zur Hand hatte, also zwangsläufig mit dem, was die Erde bot: Tierisches, Pflanzliches oder Mineralisches. Aus den Materialien, die von Feldern, aus Bergwerken und Steinbrüchen gewonnen wurden, baute man Häuser, die dadurch in ihrer Umgebung verwurzelt waren.

Wer eine große Wandfläche mit einer kräftigen, leuchtenden Farbe versehen möchte, streicht sie am besten mit einer starkverdünnten Dispersionsfarbe (Latexfarbe), die mit Künstlerfarbe abgetönt wird. Mit großzügigen Pinselstrichen auf einen weißen Untergrund aufgetragen, ergibt sich eine aufgelockerte, durchgängig texturierte Oberfläche.

Die heutigen synthetischen Produkte haben vordergründig betrachtet enorme Vorteile. Sie sind häufig billiger und in der Regel so beschaffen, daß sie in praktischer Hinsicht bestimmte Vorzüge bieten: Sie sind pflegeleicht, gut zu verarbeiten oder zu verlegen und widerstandsfähig gegen Verschleiß, Ungezieferbefall und Verrottung.

Die Nachteile dieser Materialien erschließen sich einem dagegen nicht auf Anhieb. Daß ein Nylonhemd den Vergleich mit einem Baumwollhemd nicht standhält, spürt man bereits, wenn man es einen Tag trägt. Dagegen kann es länger dauern, bis man herausfindet, welche Nachteile Nylonfasern im Teppich haben. Bei der Auswahl unserer Kleidung bevorzugen wir natürliche Materialien, die auf der Haut angenehm sind, sich weich anfühlen und gut tragen lassen. Grundsätzlich lassen sich die künstlichen und natürlichen Materialien in unseren vier Wänden ebenso miteinander vergleichen. Während alte synthetische Materialien eher trostlos wirken, hat die »Patina« von altem Holz oder verwitterten Steinplatten etwas Erbauendes und Beruhigendes.

Hinter dieser ästhetischen Vorliebe verbirgt sich der Wunsch nach Dauerhaftigkeit. Damit ist nicht allein der Fortbestand von Traditionen gemeint, die Befriedigung, die sich aus der Verwendung von Materialien ergibt, die seit Tausenden von Jahren gebraucht werden, sondern eine tiefere Verbindung mit der Natur selbst. An der Maserung einer hölzernen Tischplatte erkennen wir ihren lebendigen Ursprung, doch wer, außer einem Petrochemiker, könnte die Polymere im

Melamin benennen? Die industrielle Herstellung, insbesondere in dem Umfang und in der Komplexität, die sie in den Jahren nach dem Krieg erreicht hat, bewirkt eine Entfremdung, kappt sie doch viele Verbindungen, die die Menschheit über viele Jahrhunderte hinweg mit der Natur geknüpft hat. Die heutige Begeisterung für Naturprodukte spiegelt gewissermaßen unsere Sehnsucht wider, diese Verbindungen wiederherzustellen. Nostalgie ist vielleicht mit Vorsicht zu genießen, aber neu ist sie wahrhaftig nicht. Seit der Industriellen Revolution hat es immer wieder konzertierte Anstrengungen gegeben, in Kontakt mit der Natur und den traditionellen Fertigkeiten und Kenntnissen zu bleiben, die bei der Verwendung von natürlichen Materialien vonnöten sind. William Morris und seine Künstlerfreunde in der Arts-and-Crafts-Bewegung identifizierten sich in Rückbesinnung auf die Zeit vor der Renaissance mit den Kunsthandwerkern, die an den großen mittelalterlichen Kathedralen gearbeitet hatten. Ausgangspunkt für die von Morris initiierte Reform des Kunstgewerbes war das Mittelalter, und seine Bewegung ließ viele kunsthandwerkliche Techniken wieder aufleben, von der Herstellung von Buntglasfenstern bis hin zur Gewinnung von Farbstoffen aus Pflanzen. Daß das Kunsthandwerk noch heute floriert, ist zum großen Teil Morris' Verdienst, ebenso wie die Tatsache, daß wir die Schönheit einer alten Bauernküche genauso zu würdigen wissen wie die repräsentativer Säle.

Diese Sinfonie aus Weißtönen – altes, schmutziges Weiß, Cremefarben, Taupe und Beige – zeigt, daß eine »Nichtfarbe« durchaus behaglich sein kann.

Es ist leicht, sich über die Vorstellung zu amüsieren, daß anspruchsvolle Leute sich nach dem einfachen Leben sehnen. Doch diese Sehnsucht steckt in jedem von uns. Manche versuchen, sie mindestens einmal im Jahr zu befriedigen – wenn sie in Urlaub fahren. Bauernkaten, Strandhütten oder ein Landhaus auf einer griechischen Insel, überall dort finden wir den ursprünglichen Rahmen, der uns psychisch wohltut. Wenn wir uns solche Mühe machen und so weit reisen, um die belebende Kraft der Natur zu genießen, warum sollten wir dann nicht versuchen, unsere alltägliche Umgebung natürlicher zu gestalten?

Heute, am Ende des 20. Jahrhunderts, sind es in erster Linie ökologische Gründe, die für eine Verwendung natürlicher Materialien bei der Wohnungseinrichtung sprechen. Natürliche Materialien, die letztlich wieder der Erde zugeführt werden können, die erneuerbar und haltbar und auf lange Sicht besser sind als

Materialien, die unsere Umwelt verschmutzen, kostbare Rohstoffe dezimieren und bei der Herstellung gefährliche Rückstände hinterlassen. Wir wissen nicht, wie sich viele der Chemikalien und Zusätze, denen wir tagtäglich zu Hause ausgesetzt sind, langfristig auf unsere Gesundheit auswirken, doch die Umweltschäden, die sie bereits verursacht haben, sind nicht von der Hand zu weisen.

Natürliches Wohnen sollte nicht als ein zwanghaft »grüner« Lebenstil mißverstanden werden. Häuser können nur dann durch und durch ökologisch sein, wenn sie von vornherein in dieser Absicht entworfen und gebaut werden. Für die meisten von uns ist es keine Frage des Entweder-Oder, sondern ein allmählicher Prozeß, in dem wir nach und nach die Bedeutung und den Wert synthetischer Materialien als Ersatz für das Echte in Frage stellen. Ebenso wie das öffentliche Interesse an einer gesünderen Ernährung die Lebensmittelindustrie dazu gezwungen hat, auf überflüssige Zusätze in ihren Produkten zu verzichten und auf andere Produktionsverfahren umzustellen, so ist zu erwarten, daß das wachsen-

Diese einfache Hütte aus verwittertem Holz steht in einer einsamen Küstenlandschaft. Leuchtende Farben, leicht verblaßt durch die Elemente der Natur, eine primitive Lampe und äußerst schlichte Einrichtungsgegenstände schaffen gemeinsam eine besinnliche und erholsame Atmosphäre.

Kieselsteine werden häufig dort in Wände und Fußböden eingelegt, wo das ursprüngliche Mauerwerk nicht sonderlich stark ist. »Verbindungswege« aus Stein sind für nackte Füße angenehmer und ermöglichen einen bequemen Zugang zu den Sitzmöbeln und dem offenen Kamin. Die koschenilleroten Wände, Steinalkoven und frei liegenden Deckenbalken lösen Assoziationen an eine Höhlenbehausung aus.

de Bewußtsein für die Nachteile künstlicher Materialien, die viel versprechen, aber nur wenig halten, einer Rückkehr zu natürlichen Grundstoffen förderlich ist, die sich seit vielen Jahrhunderten ausgezeichnet bewährt haben.

Inspirationsquellen

Der natürliche Wohnstil verknüpft verschiedene Einflüsse miteinander, die sowohl in einheimischen Traditionen als auch in zeitgenössischen Stilrichtungen zu suchen sind.

Ein Aspekt des natürlichen Wohnens sind beispielsweise die ausdrucksvollen und lebendig wirkenden Gebrauchsgegenstände und Handwerksprodukte fremder Völker. Dhurris (gewebte Baumwoll- oder Wollteppiche) aus Indien, Batik aus Indonesien, Applikationsstickereien aus Südamerika, bedruckte Stoffe aus Afrika, leuchtende Keramik aus Mexiko sowie Rattan- und Korbwaren gelten nicht mehr nur als exotische Mitbringsel von Fernreisen, sondern gehören mittlerweile zum Warenbestand vieler Läden. Selbst die entlegensten Ecken dieser Welt werden immer besser erreichbar, was dazu geführt hat, daß wir die handwerklichen Fertigkeiten von Urvölkern und natürliche Materialien und

Farben heute wieder zu schätzen wissen. Auch wenn die jeweiligen Handwerkstraditionen nicht unsere eigenen sind, so können wir trotzdem ein Verständnis für die direkte Verbindung zwischen Hersteller und Produkt entwickeln, für die feinen Abweichungen von einzelnen Stücken und die Kunstfertigkeit solcher Arbeiten.

Eine weitere Inspirationsquelle sind die traditionellen Häuser und Gärten Japans mit ihrer friedlichen Ausstrahlung. Japans Wiederaufnahme der Handelsverbindungen mit dem Westen um die Mitte des 19. Jahrhunderts hatte eine elektrisierende Wirkung auf die europäischen Künstler, Designer und Architekten. In der breiten Bevölkerung nahm der Japan-Kult rasch triviale Formen an: Pfauenfedern und Fächer, Porzellan im japanischen Stil und Lackmöbel oder Möbel aus Gitterwerk kamen in Mode. Doch die japanische Ästhetik übte auf die Designer der Arts-and-Crafts-Bewegung, die dem beschränkten, überladenen und gekünstelten Einrichtungsstil der Viktorianer den Kampf ansagen wollten, einen tiefergehenden und nachhaltigeren Einfluß aus. Die Gestaltung des traditionellen japanischen Hauses schien die vollkommene Ausgewogenheit zwischen Kunst und Natur, Dekor und Schlichtheit zu bieten.

Die Aussicht ist nicht das einzige natürliche Element dieser Idylle unter freiem Himmel. Das über einen Bambusstuhl drapierte farbbeständige Baumwolltuch harmoniert wunderschön mit dem glatten, sonnengebleichten Holz des Balkons.

Ein Jahrhundert später wird die japanische Ästhetik aus den gleichen Gründen geschätzt. In der Grundidee des japanischen Hauses nimmt die Natur eine zentrale Bedeutung ein, sowohl in symbolischer Hinsicht als auch was die Verwendung natürlicher Materialien betrifft. Tatami, mit Leinen eingefaßte Bodenmatten aus geflochtenem Reisstroh, dienen als Maßeinheit für die Raumgröße; ihre leicht federnde Oberfläche polstert den rauhen Holzboden. Bewegliche Zwischenwände, mit dickem Papier überzogen, unterteilen Räume oder verwandeln kleine Räume in einen großen. Eine kleine Nische, Tokonoma genannt, dient dazu, Kunstgegenstände oder Blumen wirkungsvoll zur Geltung zu bringen. In Wandschränken lassen sich Kleidung, aufgerollte Futons und andere Haushaltsgegenstände verstauen, wenn sie nicht gebraucht werden, um den Boden freizuhalten. Der strenge Formalismus findet in dem allgegenwärtigen Gefühl für die Natur seine Ergänzung. Stützpfeiler und Balken aus Holz sind naturbelassen und haben mitunter noch ihre Rinde; vor die Fenster ist Maulbeerbaumpapier, Shoji, gespannt, und in den Türen hängen Vorhänge aus Bambusperlen – eine elegante Verschmelzung von Struktur, Dekoration und Material. Außerhalb des Hauses,

Die japanische Art des Wohnens, mit enger Verbindung zum Boden, wird hier durch Hessian (Juteleinen) und Leinenbettzeug, getöpferte Tongefäße und mit Stoffen dekorativ drapierte Möbel variiert. Vor den Fenstern dienen hauchdünne weiße Leinenbahnen als Sichtblende.

in Gärten und Höfen, erzählen formal angeordnete Steine, geharkter Kies, Wasser, Laternen, Zwergbäume und Sträucher von den elementaren Kräften der Natur.

Westliche Traditionen, repräsentiert durch strohgedeckte Bauernhäuser, Fachwerkhäuser, Zehntscheunen und Blockhäuser stellen eine weitere entscheidende Inspirationsquelle dar. Ob sich diese Traditionen nun in der Schlichtheit einer Shaker-Einrichtung oder in den freigelegten Ziegeln, Steinen oder Holzbalken eines Bauernhauses manifestieren, häufig verbirgt sich hinter unserem tiefen Interesse an der ländlichen Vergangenheit der Sinn für das Natürliche.

Doch natürliches Wohnen muß nicht unbedingt exotische Wege gehen oder den Blick in die Vergangenheit richten. Modernes Design, mit seinem viel bemühten Motto »weniger ist mehr«, richtet seine Aufmerksamkeit ausschließlich auf die baulichen Gegebenheiten der Räumlichkeiten, auf den direkten Ausdruck der Materialien, auf das Spiel des Lichts und die Verwendung von Farbe, Struktur und Muster, ohne einen Stil zu imitieren oder verschiedene Stile zu mischen. Natürliche Materialien und Oberflächenbehandlungen fügen sich ausgesprochen harmonisch in diese Ästhetik ein, denn sie bieten eine ganz eigene Faszination und einen besonderen Charakter.

Auf einer noch unmittelbareren Ebene kann der Impuls zum natürlichen Wohnen einfach aus der Liebe zu Landschaften erwachsen. Tagtäglich im Verkehrsstau zu stecken, in Büros eingepfercht zu sein oder in eintönigen Großstadtstraßen zu wohnen, läßt ein immer dringlicher werdendes Verlangen nach einem natürlichen Umfeld aufkommen. Die Elemente, mit denen wir uns umgeben, können entfremdend wirken – oder eben nicht. Prosaische Mementos wie beispielsweise Muscheln, Strandkiesel und Treibholz und fundamentale Eigenschaften von

Materialien wie die Maserung von Dielenbrettern und die Frische von Baumwolle – allesamt Erinnerungen an die natürliche Welt –, besänftigen die Sinne und tragen dazu bei, daß wir unsere Ausgeglichenheit wiederfinden.

Dieses konsequent asketisch eingerichtete, doch reichtexturierte Innere eines japanischen Hauses zeigt, wie sich durch das Miteinander natürlicher Materialien ein harmonisches, charmantes Ambiente erzeugen läßt, ohne daß zur optischen Abrundung teure Möbel notwendig wären. Schwarz gesäumte Sisalmatten greifen das Muster der Wände wieder auf und schaffen ein dichtes Gitterwerk, das nur durch die Fenster, die Zwischenwand aus Reispapier und den Papierlampenschirm aufgelockert wird.

Entwurf einer natürlichen Einrichtung

Natürliches Wohnen läßt sich nicht auf eine einzige Formel reduzieren; es gibt ebenso viele Möglichkeiten wie Beweggründe, ein natürliches Ambiente zu schaffen. Natürliches Wohnen wird häufig mit der ruhigen Neutralität von Weiß auf Weiß oder der unaufdringlichen Kombination von hellem Holz, ungebleichten Naturfasern, Stein und Bodenmatten gleichgesetzt. Diese Auslegung verwandelt einen Raum in ein Refugium, in dem man sich von der optischen und akustischen Reizüberflutung unseres Alltags erholen kann. Je hektischer und stressiger sich unser Leben gestaltet, desto dringender brauchen wir eine friedliche, behagliche Umgebung, in der wir wieder zu uns finden können.

Doch selbst in karg möblierten Räumen oder Zimmern, aus denen Farben verbannt werden, stellt sich nicht zwangsläufig eine meditative Ruhe ein. Eine solche Schlichtheit läßt sich nicht allein dadurch erzielen, daß man unnötige Accessoires einfach wegläßt: Spärlich eingerichtete Räume wirken mitunter langweilig und nichtssagend, wenn man Proportionen, Strukturen, Texturen, Kontraste und, so verblüffend es klingen mag, Farben außer acht läßt.

Der Entwurf eines Dekorationsplanes, der auf der Verwendung von Weiß oder neutralen Tönen basiert, verlangt genauso viel Sorgfalt wie der Einsatz von Farben und Mustern. Zunächst einmal darf man nicht davon ausgehen, daß weiß gleich weiß ist. Das reine echte Weiß der Kalkfarbe zum Beispiel läßt andere weniger reine Weißtöne vergleichsweise schmutzig erscheinen. Verschiedene Weißtöne, verschiedene Texturen und verschiedene Flächen reflektieren Licht jeweils auf ihre eigene Weise: einige strahlen oder glänzen, andere sind matt, wieder andere haben eine ausgeprägtere Textur. Um einen harmonischen neutralen Hintergrund zu schaffen, sollte man Proben von verschiedenen Texturen und Oberflächen miteinander kombinieren, um zu sehen, welche gut zueinander passen. Das gleiche Prinzip gilt für neutrale Töne in dem Spektrum Creme bis Hellbraun –

die Grau- oder Beigeschattierungen, die bei natürlichem unbehandeltem Holz, bei Stoff und Stein vorherrschen. Einige Farbtöne sind wärmer, einige kühler, und nicht alle harmonieren miteinander.

Kontrastierende Texturen können durchaus von Farbunterschieden ablenken. Räume lassen sich zwar wunderschön gestalten, indem man engverwandte Farben verwendet, doch besteht die große Gefahr, daß das Ergebnis ziemlich eintönig ausfällt. Wenn man glatte Texturen mit rauhen, matte mit glänzenden kombiniert, läßt sich ein langweiliger Effekt in der Regel vermeiden.

Eine weitere variable Größe sind die Proportionen. In Räumen ohne markante Farben oder auffällige Muster lassen sich Akzente setzen, indem man kleine Bereiche mit vielen Details in Kontrast zu größeren Flächen setzt. Wuchtige Sofas wirken weniger sperrig, wenn man sie mit einem weißen losen Überwurf drapiert; Arrangements aus Zweigen oder Ästen stellen in einer ruhigen Umgebung einen Blickfang dar. Mit ein paar Kunstgriffen kann man sich die Proportionen eines Raumes spielerisch zunutze machen, um seine Wirkung zu verändern.

Doch natürliches Wohnen bedeutet nicht zwangsläufig, daß auf kräftige Farben verzichtet werden muß. Die Natur selbst geht schließlich nicht sparsam mit Farben um, und auch die Palette natürlicher Farben und Materialien beschränkt sich nicht auf dezente neutrale Nuancen. Waldgrün, Mohnrot, Ockergelb und Indigoblau sind von ihrem Ursprung her und ihrer Stimmung nach genauso natürlich wie zartere Töne. Sofern solche Farben aus der Natur stammen, ist das Mischen von Farben kein Problem. Wie William Morris durch seine Experimente mit Farbstoffen bewiesen hat, lassen sich diese Farben beliebig kombinieren, ohne daß grelle Disharmonien auftreten. Was natürliche Farbstoffe betrifft, so verblassen diese Töne in Einklang miteinander und behalten ihre inhärente Balance sogar, wenn sie abgenutzt erscheinen. Das gleiche läßt sich von künstlichen Farben nicht behaupten. Wer eine farbenfrohere Variante des natürlichen Wohnens bevorzugt, kann beruhigt davon ausgehen, daß sich die Farbkombinationen im großen und ganzen wie von selbst aufeinander abstimmen.

Wer mit Farben, Mustern und unterschiedlichen Texturen von Materialien Akzente setzen möchte, kommt erst recht mit weniger Möbeln aus. Natürliche Bestandteile scheinen Raum zum Atmen zu brauchen. Das heißt nicht, daß man auf Lebendigkeit und Vielfalt verzichten muß. Wie wir es an der Natur beobachten können, liebt sie die Abwechslung, und naturgerechtes Wohnen bedeutet, den jahreszeitlichen Licht-, Stimmungs- und Vegetationsveränderungen, die wir in der Landschaft verfolgen können, Rechnung zu tragen. Wenn wir Dekorationen und Einrichtungsgegenstände verändern, um die Atmosphäre der verschiedenen Jahreszeiten wiederzugeben, bleibt unser Wohnbereich stets lebendig.

Die Kombination von weißer Holzverkleidung, sonnengebleichten, verwitterten Holztischen und weichen Einrichtungselementen in gedämpften Ocker- und Terrakottatönen macht es möglich, daß das durch die Fenster einfallende Licht von den Oberflächen dieses Holzhauses reflektiert wird. Die lichtdurchfluteten Räume lassen den Unterschied zwischen drinnen und draußen vergessen.

WÄNDE

WÄNDE

OBEN: Ein dünner ockergelber Anstrich auf roh verputzten Wänden bildet einen warmen, texturierten Hintergrund für farbenfroh lackierte Möbel und frei liegende Deckenbalken. Die klassische Farbkombination von strahlendem Gelb und dunklem Grün macht den Raum behaglich und einladend.

RECHTS: Die robuste Solidität einer alten Backsteinwand bildet den schlichten Hintergrund für die sparsame Inneneinrichtung dieses Hauses eines Bildhauers.

Wände umschließen und begrenzen Räume; sie formen sozusagen unsere Umgebung. Zusammen genommen machen Wände die größte Fläche eines Raumes aus; allein schon aus diesem Grund müssen die Entscheidungen bezüglich der Innendekoration zwangsläufig bei den Wänden ansetzen. Ob man Wände streicht, tapeziert oder verkleidet, die Wandgestaltung verleiht einem Raum die charakteristische Note und ist die Voraussetzung für die darauffolgende Anordnung von Möbeln und dekorativen Elementen.

In früheren Zeiten der Menschheitsgeschichte drückten die Wände der Häuser und Behausungen wie selbstverständlich Naturverbundenheit aus. Die groben, rustikalen, dicken Steinwände mittelalterlicher Festungen und Burgen bilden eine sichtbare Einheit, die nicht weniger unmittelbar ist als die gerillten Außenwände eines Blockhauses mit ihren ineinandergreifenden Stämmen oder die glatte Erde einer Hütte aus Adobeziegeln. Die strukturelle Funktion solcher Wände läßt sich sowohl vom Innern des Gebäudes als auch von außen ablesen. In komplexeren oder eleganten Häusern hingegen, deren Wände häufig verputzt, gestrichen, tapeziert oder auf andere Weise behandelt wurden, wodurch die darunterliegende Struktur verdeckt wird, geht der Bezug zum eigentlichen Baumaterial mitunter fast verloren.

Natürliche Wandbehandlungen sind ein Versuch, diese Verbindungen wieder herzustellen. In manchen Fällen genügt es einfach, das zu respektieren, was bereits vorhanden ist. Flächen aus bloßen Ziegeln oder blankem Stein in alten Landhäusern, Bauernhäusern oder zu Wohnraum umfunktionierten industriellen Lagerhäusern können gerade wegen ihrer rhythmischen und strukturellen Kontraste äußerst reizvoll wirken; weitestgehend in ihrem ursprünglichen Zustand belassen, erinnern sie darüber hinaus an die eigentliche Funktion der Wände. Ebenso erfreut sich nackter Verputz zunehmender Beliebtheit, da er einem Raum Behaglichkeit und Charakter verleihen kann.

Im Gegensatz zu Fußböden und anderen Flächen, mit denen wir notgedrungen körperlichen Kontakt haben, berühren wir Wände im allgemeinen nur selten. Doch Wandoberflächen mit relativ nichtssagender Struktur können unsere Wahrnehmung lebendiger Räume schmälern. Ausgesprochen langweilige Hintergründe mögen ja durchaus Sicherheit vermitteln und wenig Anstoß erregen, doch ihre extreme Zurückhaltung vereitelt oft jeden Versuch, einem Raum Leben und Atmosphäre zu verleihen. Der Einsatz natürlicher Materialien bei der Behandlung und Verkleidung von Wänden, vom zarten Hauch Kalkfarbe bis hin zur robusten Spundwandverkleidung, verleiht ihnen eine gewisse taktile Qualität und dadurch eine zusätzliche Dimension.

Neben der Struktur spielt bei natürlichen Oberflächenbehandlungen auch die Farbe eine bedeutende Rolle. Blasse Farben sind offen und expansiv und verstär-

Der neutrale, schlichte Fußboden harmoniert vollkommen mit den roh verputzten Wänden dieser einfachen, aber eleganten Küche. Das warme Rosa des Putzes läßt das blasse Holz von Tisch und Stühlen gemütlich schimmern. Die Tür mit unterteilten Glasscheiben und das ähnlich gestaltete Fenster haben keinerlei Dekorationen, so daß genügend Licht hereinströmen kann und die klaren, funktionalen Linien des Raumes wiederaufgegriffen werden.

ken die Wirkung von natürlichem Licht. Dunkle oder intensive Töne verleihen einem Raum eine gemütliche, einladende Atmosphäre. Eine Grundregel der herkömmlichen Innendekoration besagt, daß Räume, in die nicht viel direktes Licht fällt, zum Ausgleich in helleren Farben gestaltet werden sollten; doch in einem Raum, in den nur wenig Tageslicht dringt, wirken helle Wände einfach schmuddelig und öde. In solchen Fällen sind satte, kräftige oder dezente Farben eindeutig die vorteilhaftere Lösung, denn sie verwandeln die gegebenen Nachteile eines Raumes zum Positiven. Umgekehrt kann die Dekoration um so heller sein, je sonniger der Raum ist. Weiße, sonnenbeschienene Wände intensivieren ein an sich schon strahlendes Ambiente.

Die im wesentlichen neutrale Palette natürlicher Farben umfaßt eine überraschend breitgefächerte, nuancierte Vielfalt unterschiedlicher Töne, obwohl natürliches Wohnen einen offensiveren Einsatz von Farben nicht ausschließt. Naturverbundenheit im Wohnbereich zu realisieren ist mit Farben durchaus möglich, da sie sofort eine Assoziationskette auslösen, von den an Meer und Strand erinnernden Schattierungen wie Nebelblau, Graugrün und Sandfarben bis hin zu satten erdigen Ocker- und Terrakottatönen.

Anstriche

Ein Anstrich ist die direkteste Form der Wandbehandlung, denn Wandfarbe ist ein durchaus erschwingliches Material, und sie ermöglicht eine praktisch augenblickliche Veränderung jeder beliebigen Oberfläche. Wer in erster Linie einen »natürlichen Look« erreichen möchte, ohne ökologische und historische Aspekte zu berücksichtigen, hat heute die Auswahl aus einem riesigen Angebot von Farben und Oberflächenbehandlungen. Die meisten von uns kennen die Alternativen wie Dispersionsfarbe (Latexfarbe), Lackfarbe und Leimfarbe und wissen, wie man sie aufträgt. Einem passionierten Heimwerker, der, nach einer freundlichen Beratung im Fachhandel, etwas Ausdauer aufbringt und Lust hat, mit Farbproben zu experimentieren, wird es schließlich gelingen, den Farbton zu mischen, den er sich vorgestellt hat.

Die Palette spezieller Anstriche, die historische oder volkstümliche Dekorationstraditionen aufgreifen, macht die Auswahl zum Vergnügen. Obwohl dieses Spektrum bedeutend weniger Farben umfaßt, ist es insgesamt sorgfältig zusammengestellt, so daß die Farben gut miteinander harmonieren und die Entscheidung dadurch erheblich erleichtert wird. Doch die Vielfalt der Schattierungen und Nuancen, wie sie auf den verwirrenden Farbkarten eines größeren Farbengeschäftes zu finden sind, kann täuschen. Viele Farben sind lediglich Varianten eines einzigen Grundtons und nur um einige Abstufungen dunkler oder heller.

Bei der Auswahl natürlicher Farben kann man zum Vergleich das Material heranziehen, dessen Struktur man hervorheben möchte. Früher wurden die Flächen von Innenräumen häufig mit Farben gestrichen, die an die Qualität des darunterliegenden Materials erinnerten. So nahm man beispielsweise für Balken und Verkleidungen aus Holz eine Farbe, die »holzig« wirkte, und Wände wurden so gestrichen, daß sie wie Stein oder ähnliches Material aussahen. Heute stehen dafür fein nuancierte neutrale Töne zur Verfügung, deren Palette von Elfenbeinfarben bis Beige, Steinfarben bis Schiefergrau, Lederfarben bis Ockergelb reicht, wodurch sich ein Untergrund erzeugen läßt, der natürliche Oberflächenmaterialien und Möbel diskret und zurückhaltend abrundet. In seiner schlichtesten Form wirkt ein natürlicher Anstrich nur dann natürlich, wenn die Farbauswahl ansprechend ist.

Wie andere künstliche Materialien sollen Anstriche heutzutage ganz bestimmte Voraussetzungen erfüllen: sie sollen schnell trocknen, abwaschbar und strapazierfähig sein und keine Farbabweichungen aufweisen. Diese Vorteile waren vor zwei Generationen nicht unbedeutend, als der Anstrich noch meist fleckig oder streifig ausfiel, sehr mühsam aufzutragen war, und die Farben von Eimer zu Eimer deutliche Unterschiede zeigten. Früher waren Haus- oder Wohnungsinhaber auf ausgebildete Maler angewiesen, wenn sie die gewünschten Ergebnisse erzielen wollten. Heute könnte man den Eindruck haben, daß diese Handwerker über geheimnisvolle Fertigkeiten verfügten, doch die Wirklichkeit sah wohl zumeist ganz anders aus. Im Jahre 1883 wetterte eine für Morris & Co. gedruckte Broschüre gegen die »schmutzigen Unfarben«, die damals zum Standardrepertoire der Maler gehörten: »Der Einsatz positiver Farben ist äußerst schwierig, und Anstreicher kennen sich seltsamerweise überhaupt nicht damit aus. Es ist möglicherweise ihrer Unfähigkeit zuzuschreiben, daß sie die langweiligen, grauen, ja schmutzigen Farbtöne verwenden, die allgemein Verbreitung gefunden haben, seit gebildete Menschen anfingen, sich für Innendekoration zu interessieren ...«

Ein auf Putz dünn aufgetragener Anstrich in leuchtendem, belebendem Blau verleiht dieser Dusche ein mediterranes Ambiente. Die einzelne Kachel in der Wandnische wiederholt sich in dem schlichten Wandbild über dem Fenster.

Morris ging es vor allem darum, sich von dem »Grünlich-Gelblichen« zu distanzieren, den gedämpften, blassen Farben, die in den Künstlerkreisen der ausgehenden viktorianischen Ära große Mode waren. Ihre tonale Unreinheit war einem »Graubraun« nicht unähnlich, eine durchaus passende Bezeichnung für eine zweckmäßige Farbe, die dadurch entstand, daß man die Reste von allen anderen im Haus verwendeten Anstrichfarben zusammenmischte, um einen praktischen Farbton für Küche, Speisekammer und Abstellraum zu erhalten. »Graubraun«, die wohl »schmutzigste Unfarbe« überhaupt, eignete sich ausgezeichnet, um Stellen an den Wänden zu übermalen, die durch die Rauchemissionen von Gasbrennern, Küchenherden und Kohleöfen ihre Farbe verloren hatten.

Doch Fachleute, die sich mit so feinen traditionellen Farben wie Leim-, Kalk- und Kaseinfarbe auskennen, weisen uns darauf hin, daß das Streichen einer Wand mit moderner synthetischer Farbe nichts anderes ist, als die Wand mit einer dünnen Schicht Kunststoff zu überziehen. Denjenigen von uns, die keine Vergleichsmöglichkeiten haben, mag dies nicht sofort auffallen, doch die Nachteile solcher Anstriche ähneln denen anderer synthetischer Materialien: sie altern schlecht, haben wenig Tiefe und nichtsagende Farben. Abgesehen von diesen ästhetischen Nachteilen gelten viele Bestandteile, die bei der Herstellung synthetischer Farben verwendet werden, als gesundheitlich bedenklich, wie Umweltschützer warnen. Mit der Zeit werden diese Schadstoffe von den gestrichenen Flächen freigesetzt, so daß sich latent gefährliche Chemikalien in der Raumatmosphäre verteilen.

Jede Anstrichfarbe besteht aus Pigmenten, die in einem Medium (normalerweise Kalk, Leim oder Öl) gebunden sind. Früher benutzte man Leinöl oder Naturharze als Farbmedien, doch nach dem Krieg verwendete man statt dessen überwiegend petrochemische Ersatzstoffe, die den Hauptanteil der Umweltverschmutzung durch synthetische Farben ausmachen. Einige Farbsorten enthalten Zusätze wie Fungizide und Insektizide. Auch Bleipigmente sind ein gebräuchlicher Zusatz, doch ihre Verwendung bei der Farbherstellung ist heute umstritten, und Farben mit Bleipigmenten werden in Deutschland nicht mehr für Deckanstriche im Innenbereich eingesetzt.

In dem Streben nach Authentizität darf der Begriff »natürlich« nicht mit »harmlos« gleichgesetzt werden. In einigen fernen Teilen der Erde stellt man beispielsweise noch heute Putz her, indem man einfach Lehm zerstampft, mit Wasser zu einer Paste vermischt und diese auf die Wand reibt. Unsere Vorfahren dagegen benutzten für Mal- und Korrosionsschutzfarben solch »natürliche« Rohstoffe wie unter anderem Mennige, Arsen, Quecksilber und Kupfermangan – hochgiftige Bestandteile, deren Verwendung mittlerweile zu Recht verboten ist. Heute gebräuchliche natürliche Pigmente, in erster Linie Erd- und Mineralpigmente, sind zum Glück nicht ganz so »authentisch«. Auch Pflanzen sind eine gute Quelle für natürliche Farben, und es werden bereits wieder

Links: Diese aus Schlamm und sonnengetrocknetem Lehm errichteten Außenwände im Adobestil sind mit einem farbigen Kalkanstrich zusätzlich verschönert worden. Die Tür ziert eine dekorative Umrandung aus weißer Tünche.

Rechts: Vom Boden bis zur Decke mit Nut-und-Feder-Brettern verkleidete Wände in Diele und Wohnzimmer und ein mit Seegrasmatten ausgelegter Boden tragen zum beruhigenden und einfachen Ambiente dieses Landhauses bei. Farbe kommt an den Wänden zum Einsatz: als Sockel und Zierlinie und als Unterscheidungsmerkmal der verschiedenen Räume.

Farbstoffe aus Wurzeln, Blüten, Stengeln und Blättern gewonnen.

Für kompromißlose Anhänger des natürlichen Wohnens sind organische Pigmente und Anstriche wohl die beste Lösung. Die Farbpalette erstreckt sich von leuchtenden Schattierungen über reine Farben bis hin zu erdigeren Pflanzentönen, die besonders bei traditionsbewußten Menschen beliebt sind. Sie bestehen in der Regel unter anderem aus Zitrusextrakten, Kreide und Leinöl und sind weder gesundheitsschädlich noch beeinträchtigen sie das Wohlbefinden. Ihr einziger Nachteil ist, daß sie relativ langsam trocknen, wodurch die Farbschicht sich an das darunterliegende Material anpassen kann.

Natürliche Wandfarben haben darüber hinaus den Vorteil, daß die Wände gasdurchlässig bleiben. Im Gegensatz zu modernen synthetischen Farben, die die Wand mit festen, undurchlässigen Schichten versiegeln, dringen natürliche Farben langsam in das Grundmaterial ein und ermöglichen somit die Luftzirkulation. Ein weiteres äußerst überzeugendes Argument für die Wahl von diesen Farben ist, daß sie teilweise biologisch abbaubar sind. Die moderne Farbherstellung verursacht 90 Prozent Abfall, der sich nicht recyceln läßt; die Rückstände werden in der Regel auf großen Deponien entsorgt. Leimfarben beispielsweise sind dagegen biologisch abbaubar.

Mit praktisch jeder Wandfarbe kann man unter Anwendung traditioneller Verarbeitungsmethoden eine gebrochene Oberflächenstruktur erzielen. Gebrochene Farbtöne oder »Farbeffekte«, wie es allgemein heißt, sind in den letzten zehn Jahren genauso schnell in Mode gekommen, wie sie wieder out waren. Die aufwendigeren, ausgesprochen künstlich wirkenden Wandbehandlungen wie Imitationen von stoffbehängten oder marmorverkleideten Wänden sind heute so gut wie verschwunden, und auch die bewußte Zurschaustellung eines luxuriösen Lebensstils stößt nicht mehr unbedingt auf Verständnis. Doch die solchen Techniken zugrundeliegende Intention, die Einführung von mehr Struktur und Tiefe, ist noch immer aktuell. Gegen matte, gleichmäßig aufgetragene Wandfarbe ist nichts einzuwenden; in vielen Fällen sind solche Anstriche der ideale Hintergrund. Doch gebrochene Farbtöne lassen sich gut mit einer natürlichen Ästhetik in Einklang bringen und sind hervorragend dazu geeignet, ein zwangloses, ursprüngliches Ambiente zu schaffen.

Der Reiz natürlicher Pigmente beruht zum Teil auf ihrer weichen, etwas fleckigen Wirkung. Wie andere natürliche Materialien altern solche Anstriche gut. Eine lebendige Oberfläche erhält man auch, indem man Wände mehrmals hintereinander mit leicht verdünnter wasserlöslicher Farbe streicht, so daß sichtbare Pinselspuren zurückbleiben. Farbe mit einem Tuch auf die Wand gerieben, verhindert ebenfalls eine allzu glatte Wirkung, wie sie mit der Farbrolle entsteht. Gebrochene Farbtöne sehen meist am besten aus, wenn man zwei oder mehr eng verwandte Schattierungen verwendet – nach einem Grundanstrich trägt man eine gebrochene Farbschicht auf, die einen Ton heller oder dunkler ist. Wenn man Sand in Ölfarbe gibt, entsteht eine interessante körnige Oberfläche, die wie Stein aussieht; Ornamente, frei mit der Hand als Randverzierungen auf der Wand aufgebracht, wirken dagegen eher folkloristisch.

Weiß ist die Farbe des klassischen modernen Hintergrunds – neutraler geht es nicht. Weiße Farbe, dünn auf Ziegel, Nut- und-Feder-Paneele oder groben Putz aufgetragen, wirkt vollkommen schlicht. Weiß als Wandfarbe für Innen- und Außenbereiche kannte man zwar bereits seit dem Mittelalter, aber als positives Element der Innendekoration wurde es erst im 19. Jahrhundert verwendet. William Morris und seine Künstlerfreunde in der Arts-and-Crafts-Bewegung schockierten die viktorianische Gesellschaft, indem sie für reines Weiß auf Wänden und Holz eintraten. Damals war es gang und gäbe, Nebengebäuden, Außenaborten und Kuhställen einen schlichten Kalkanstrich zu verpassen: Ein Wohnzimmer weiß zu streichen hieß so viel wie, es gar nicht zu streichen. Designer der Arts-and-Crafts-

LINKS: Diese Außenwände sind mit einem dünnen weißen Anstrich versehen, der durch eine Türumrandung und einen Sockel eine dekorative Ergänzung bekommt.

OBEN: Gelegentlich kommt bei alten Wänden nach dem Entfernen von etlichen Schichten Tapete ein ursprünglich dekorativer Farbanstrich zutage. Dieser durch neue Terrazzofußleisten und einen Holzboden wunderschön zur Geltung gebrachte, abgeblätterte Anstrich ist mit seiner abwechslungsreichen Textur ein herrlicher Hintergrund.

Ein getönter Sockel verleiht diesen mit Kalkfarbe gestrichenen Wänden eine gewisse architektonische Symmetrie. Für zusätzliche Konturen sorgen farblich dunkler abgesetzte Holzelemente wie Türrahmen und Fensterlaibungen.

Bewegung, die sich für einen bewußten Umgang mit Materialien einsetzten, waren die ersten, die die positiven Aspekte von Weiß erkannten. »Weiß ist vollkommen neutral; es ist ein idealer Hintergrund für die meisten Farben und läßt sich durch geschicktes Abtönen mit jeder beliebigen Farbe kombinieren«, hieß es in der Morris-&-Co.-Broschüre von 1883, und William Morris empfahl einen »ehrlichen Kalkanstrich ... auf dem Sonne und Schatten so wunderschön spielen« als Alternative zu Wandteppich, Fresko oder Mosaik, falls diese zu teuer sein sollten.

Morris hatte ganz genaue Vorstellungen, wie der Kalkanstrich ausgeführt werden sollte. Das »richtige« Weiß zu erzielen ist heute nicht mehr so schwierig. Modernes Weiß wirkt häufig hart und kühl, aber das von Handwerkern benutzte und im Fachhandel erhältliche reine Weiß ist gedämpfter und wird mit dem Alter dezenter. Wenn man jedoch einen etwas weniger eindeutigen Ton bevorzugt, kann

reines Weiß etwas »schmutzig« gemacht werden, indem man es abtönt, gerade so viel, daß der neue Anstrich nicht mehr ganz so frisch wirkt.

Die traditionellen weißen Wandfarben, Kalk- und Leimfarbe, sind wegen ihrer matten, kreidigen Textur beliebt. Diese Farben lassen sich heute nach Originalrezepten zusammenstellen; die Zutaten sind im Fachhandel erhältlich, doch ihre Verwendungsmöglichkeiten in Innenräumen sind notwendigerweise etwas begrenzt (siehe Seite 36). Leimfarbe verträgt sich aufgrund ihrer chemischen Zusammensetzung nicht mit Dispersionsfarben und muß deshalb auf frischen Putz oder eine Oberfläche, die vollkommen von früheren Anstrichen gesäubert wurde, aufgetragen werden, damit sie nicht abblättert. Kalkfarbe ist stark ätzend und muß deshalb mit Vorsicht verarbeitet werden.

Papier

Bei dem Begriff Tapete denkt man häufig an Motive wie kitschige Blütenzweige, die die Wände von Schlafzimmern bedecken, oder an überladene, etwas spießige Muster, die in konventionellen Eßzimmern ein leicht klaustrophobisches Gefühl aufkommen lassen. Doch eine Wand zu tapezieren ist eine durchaus natürliche Dekorationsmethode, die unzählige spannende Möglichkeiten bietet, eine lebendige Textur zu erzielen.

Nie zuvor waren die Zeiten besser, um zu erkunden, was Papier alles zu bieten hat. Kunstgewerbegeschäfte oder Läden, die spezialisiert sind auf Wohnzubehör aus fernen Ländern, haben eine Fülle von recycelten oder handgeschöpften Papiersorten in unterschiedlichen Ausführungen im Angebot; Papier mit hübscher Noppenstruktur und Farbsprenkeln oder eingearbeiteten Grashalmen, Blütenblättern oder Stengeln. Japanisches Binsen- oder Graspapier mit gerippter oder grob gewebter Struktur oder Papier aus noch exotischeren Materialien wie beispielsweise Wasserhyazinthe, eine in Bangladesh heimische Süßwasserpflanze, ist für gewöhnlich nicht allzu teuer, so daß die Überlegung nicht abwegig ist, ein kleines Zimmer oder wenigstens eine kleine Fläche damit zu tapezieren. Diese Papiersorten werden meist als Geschenkpapier und in dementsprechenden Formaten verkauft, doch inzwischen sind auch größere Bögen erhältlich.

Wände lassen sich praktisch mit jeder Papiersorte – vorausgesetzt, das Papier ist nicht zu dünn – bekleben, genauso wie mit herkömmlichen Tapeten. Recycelte und handgeschöpfte Papiere haben häu-

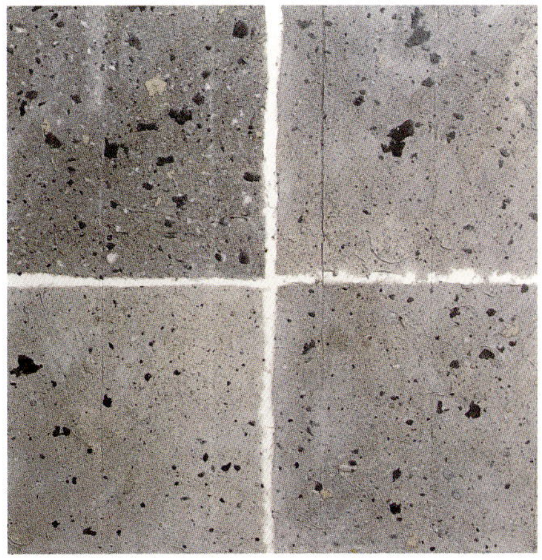

GANZ OBEN: Statt Wandkacheln kann man handgeschöpftes Papier in nuancierten Farben und Texturen verwenden. Mit kräftigen, auf die Wand geklebten Quadraten, mit je einem schmalen Rand dazwischen, läßt sich ein interessanter Kacheleffekt erzielen.

OBEN: Flächen wie der Raum unter einer Treppe oder die Seitenwände eines Kamins bieten sich für eine Dekoration mit Papier geradezu an. In dieser Diele greift eine mit Papier beklebte Wand das Muster des Fußbodens wieder auf.

OBEN: Holzpaneele an Decke und Wänden eines Eßzimmers schaffen eine warme, intime Atmosphäre und laden zum gemütlichen Beisammensein ein.

RECHTS: Zur Dekoration dieses zurückhaltend eingerichteten Wohnzimmers reichen die zwanglos arrangierten Kiefernzapfen und groben Tongefäße vollkommen aus. Ihre ausgeprägte Struktur wiederholt sich einerseits in der glänzenden Oberfläche des Korbsessels, andererseits in der rauhen Ziegelwand.

fig einen gewellten oder rauhen Rand, den man abschneiden kann, wenn man sichtbare Nähte vermeiden möchte. Man kann auch kleinere Papierquadrate so aufkleben, daß rundherum ein kleiner Rand bleibt; der Effekt erinnert verblüffend an Kacheln. Die unregelmäßige Sprenkelung von handgeschöpftem Papier hat eine erstaunliche Ähnlichkeit mit der gefleckten Wirkung von Terrazzo. Diese Ähnlichkeit kann man nutzen, indem man Teile der Wand tapeziert, die man sonst kacheln würde, zum Beispiel die Laibung eines Fensters. In sich geschlossene Bereiche, wie die Seitenwände eines Kamins, eignen sich ebenfalls gut für diese Art der Wanddekoration, wenn man nicht eine ganze Wand oder ein ganzes Zimmer tapezieren möchte.

Gewöhnliches braunes Packpapier, erhältlich als preiswerte Meterware auf Rollen, eignet sich vorzüglich als natürliche Oberfläche. Welche Seite man zeigen möchte ist Geschmackssache; die eine ist in der Regel glatt, die andere eher rauh. Packpapier - in diesem Fall Wand-Papier - läßt sich auch gut mit Mustern unter Verwendung von Schablonen verzieren. Diese Dekorationstechnik hat respektable Wurzeln: Der schottische Architekt Charles Rennie Mackintosh bevorzugte grobes, braunes Packpapier als Wandbekleidung für Eßzimmer, da der dunkle, aber neutrale Farbton ausgezeichnet zu den schimmernden Gläsern und dem glänzenden Besteck auf dem Tisch paßte. Mackintosh schablonierte im Eßzimmer seines Hauses abstrakte, der Natur entlehnte Formen auf einen braunen Papieruntergrund. Anschließend lockerte er das Ganze mit kleinen Silbertupfern auf, die er mit dem Pinsel auftrug.

Naturfasern wie gewebter Raffiabast oder Hessian (Juteleinen) bekommt man auch mit Papierrücken, wodurch sie sich zum Tapezieren eignen. Wenn man die Nahtstellen mit schwarz gebeizten Leisten ziert, ergibt sich ein Ambiente, das an die feine Ästhetik traditioneller japanischer Inneneinrichtungen erinnert.

Mit Papier beklebte Wände kann man mit wasserverdünnbarer Lasur überziehen, doch sollte man eine Lasur wählen, die mit der Zeit nicht vergilbt, es sei denn, dieser Effekt ist erwünscht. Man kann die Wände aber auch streichen, obwohl viele Papiersorten so schön sind, daß es schade wäre, sie mit Farbe abzudecken.

Holzverkleidung

Ein mit Holz verkleideter Raum wirkt meist sofort angenehm: Holz ist warm, gemütlich und irgendwie beruhigend. Holz kaschiert einen schlechten Untergrund und rundet die Proportionen eines Raumes ab oder gleicht sie aus. Fußbodendielen und Paneele beziehungsweise Profilbretter haben eine eigene Ausstrahlung, die äußerst wohltuend ist und jedem Raum sogleich einen wohnlichen Charakter verleiht. Darüber hinaus hat Holz noch einen weiteren Vorteil: Es ist ein wirkungsvolles Dämmaterial, nicht nur gegen Kälte, sondern auch gegen Lärm.

Wer nicht gerade hochherrschaftlich wohnt, wird in seinem Haus ursprünglich eine Holzverkleidung aus Weichholz vorfinden. Rolladenkästen und Fenstereinfassungen sind zum Beispiel meistens mit Kiefernholz verkleidet. Solche Oberflächen wurden stets gestrichen, da billiges, harziges Weichholz als nicht besonders hübsch galt und deshalb niemals unbehandelt gelassen wurde. Damit die natürliche Maserung zu sehen ist, sollte man das Holz beizen (Beize gibt es in verschiedenen Farben und in »Holztönen«); eine weitere Möglichkeit sind wasserlösliche Holzlasuren mit matter Oberfläche, die die Maserung ein wenig durchscheinen lassen. Wenn man mehrere dünne Schichten aufträgt und jeden Anstrich gut anschleift, wirkt die Oberfläche leicht abgenutzt oder gealtert. Traditionell wurden Holzflächen mit Ölfarben gestrichen, doch diese glatten Oberflächen machen das darunterliegende Material eher unkenntlich, als daß sie es zur Geltung bringen. Wer das Holz nach dem Entfernen der Farbe naturbelassen möchte, behandelt es dünn mit Leinöl oder Bienenwachs.

Nut-und-Feder-Bretter (Profilbretter) haben eine ganz andere Ästhetik, die jedoch

nicht weniger suggestiv oder angenehm ist. Wie in einer gemütlichen Schiffskajüte, so fühlt man sich in einem mit Holz verkleideten Raum augenblicklich geborgen. Traditionell wurden mit Profilbrettern Badewannen oder die untere Hälfte der Wände in Badezimmern und Fluren verkleidet, wo sie gestrichen eine strapazierfähige, wasserdichte Oberfläche darstellten. Doch es gibt noch viele andere Einsatzmöglichkeiten für Profilbretter. Als Holzdecke sorgen sie in einem relativ schmucklosen Raum für Wärme und Lebendigkeit und schaffen eine intime Atmosphäre. Im Wohnraum erinnern weiß oder farbig gestrichene Profilbretter leicht an das Innere eines Schiffes. Sie lassen sich entweder vertikal oder horizontal anbringen.

Putz

In den letzten Jahren erfreut sich roher Putz (Lehm- oder Gipsputz) als Element der Raumgestaltung immer größerer Beliebtheit oder, wenn nicht der eigentliche Rohputz, so doch zumindest dessen Wirkung. Die Gründe dafür liegen auf der Hand. Jeder, der schon einmal unbehandelten Putz gesehen hat, kann sich der Wirkung seiner warmen, zarten Farbtöne nicht entziehen. Die unbearbeitete, in weichen Terrakottatönen gefleckte Oberfläche von Lehmputz ist äußerst reizvoll, denn sie bringt die Natürlichkeit des Materials offen zur Geltung. Gipsputz ist nur in Weiß erhältlich, kann aber wie Lehmputz eingefärbt werden.

Putz ist ein ausgezeichnetes natürliches Material. Als Innenputz ist er »atmungsaktiv«. Umweltbewußte sollten Putze nicht mit einer undurchlässigen Oberflächenbehandlung versiegeln, wie beispielsweise Ölfarben oder Vinyltapeten.

Es gibt eigentlich keinen Grund, Putz nicht einfach in seinem natürlichen Zustand zu belassen, ihn also nicht nachträglich zu behandeln. Der einzige Nachteil ist vielleicht der, daß die Oberfläche etwas pudrig und staubig ist; dagegen hilft beispielsweise das Festigen mit Wachs oder einem Imprägniermittel, wodurch der

OBEN: Diese Grotte mit ihrem dichten Mosaik aus in Beton eingelegten Muscheln und Glasstücken ist zwar dunkel, löst aber kein Unbehagen aus. Der Stuhl in Form einer Muschelschale ist äußerst originell.

LINKS: Die Oberflächen der durchscheinenden, rosa getünchten Wände und weiß gestrichenen Bodendielen, die raffinierte Kombination von schlichten Materialien und abwechslungsreichen Texturen sowie ausgeprägte, einfache Formen machen diesen Raum zum Inbegriff eines eleganten und zugleich natürlichen Wohnstils.

Putz allerdings dunkler werden kann. Um dem entgegenzuwirken, kann man das Mittel etwas aufhellen.

Die Struktur des Putzes läßt sich dadurch verändern, daß man feine Metallspäne, Sägemehl oder Stroh in die Oberfläche einreibt, bevor er getrocknet ist. Wer es urwüchsig liebt, drückt mit kleinen Muscheln oder Kieselsteinen ein Muster in den feuchten Putz oder bettet sie darin ein.

Kacheln

Die bezaubernde Unregelmäßigkeit handgemachter Kacheln vermittelt Erdverbundenheit. Kacheln aus Terrakotta (wörtlich: »gebrannte Erde«) sind nur eine von zahlreichen Kachelsorten, mit denen man Flächen in Innenräumen verschönern oder schützen kann. Keramikkacheln und Mosaiksteine gibt es in vielen verschiedenen Farben und Glasuren, so daß sich Wände damit hell und freundlich gestalten lassen. Der Handel bietet ein breites Sortiment unterschiedlich großer, glasierter und unglasierter, einfarbiger und gemusterter Kacheln an. (Unglasierte Wandkacheln über der Küchenspüle oder im Bad müssen versiegelt werden.)

Handgemachte Kacheln sind zwar die teuersten, aber sie sind auch die schönsten. Individuell glasierte Kacheln vermitteln einen äußerst lebendigen Gesamteindruck, was man von den seelenlosen Fabrikprodukten nicht behaupten kann. Traditionelle provenzalische Kacheln mit ihren warmen Ocker-, erdigen Rot- und kräftigen Grüntönen verbreiten in der Küche eine heitere und dennoch behagliche Atmosphäre.

Mit Mosaiksteinen kann man komplizierte dekorative Muster oder Bilder schaffen, die buchstäblich in die Wand eingelassen sind. Die Farbpalette reicht von gedämpften matten Graugrün- und Blautönen bis zu grellen Primär- und schimmernden Metallicfarben. Einfache Muster gelingen fast jedem Laien, doch für komplizierte oder großflächige Wandbilder beauftragt man besser einen ausgebildeten Mosaikleger.

Diese mit unterschiedlichen Majolikakacheln aus dem südlichen Mittelmeerraum farbenfroh gestaltete Wand über einer Spüle hat einen ansprechenden unregelmäßigen Glanz, der einen stimmigen Kontrast zu der grob behauenen Steinspüle bildet.

WEISS AUF WEISS

Einen Raum in verschiedenen Weißtönen zu streichen entspricht einem klassischen Dekorationsstil. Weiße Anstriche kommen besonders gut in Räumen zur Geltung, wo sie das natürliche Licht verstärken und einen neutralen und zeitlosen Hintergrund für Möbel und Einrichtungsgegenstände darstellen.

An einer in drei Weißtönen gestrichenen Wand ist gut zu sehen, wie breit die Palette von Weiß sein kann. Die bei jedem Fachhändler erhältliche Dispersionsfarbe (Latexfarbe) in Reinweiß ist nur selten die beste Wahl, da sie nicht sehr einladend wirkt. Eine viel freundlichere Atmosphäre verbreiten die etwas »schmutzigen« Weißtöne der traditionellen Leimfarbe. Unter Beimischung von Pigmenten, wie sie Künstler zum Abtönen verwenden, kann man Weiß wärmer erscheinen lassen: Es lohnt sich, mal einen Versuch mit einem Klecks Siena gebrannt oder gelbem Ocker zu machen.

LEIMFARBE

Die kommerziell hergestellte »harte« Wandfarbe ist heute wieder im Fachhandel erhältlich. Traditionelle Leimfarbe dagegen, die sich durch eine weiche, matte, pudrige Oberfläche auszeichnet, wird auf der Basis von Schlämmkreide unter Beimischung von Wasser hergestellt und mit warmem Leim gebunden. Diese »weiche« Wandfarbe kann für alle Innenwände benutzt werden.

Die hübsche kreidige Oberfläche von »weicher« Wandfarbe hält die Wände »atmungsaktiv«. Sie ist jedoch weniger beständig als Dispersionsfarbe und empfindlich gegen Feuchtigkeit. Es ist allerdings zu bedenken, daß sich mit Leimfarbe gestrichene Wände nicht mehr mit gewöhnlicher Dispersionsfarbe überstreichen lassen, da sie sonst abblättert.

VORBEREITUNG

Leimfarbe sollte erst hergestellt werden, wenn die Wände für den Anstrich vorbereitet sind, denn man verwendet sie am besten ganz frisch. Sie hält sich nur etwa einen Tag in einem luftdichten Behälter im Kühlschrank.

MATERIALIEN

Ergibt etwa 5 l Leimfarbe:

5 l Wasser in einem Eimer
20 kg Schlämmkreide
0,5 kg Abtönfarbe
1,5 l warmer Leim (nach Herstellerangaben zubereiten und im Wasserbad warm halten)

ARBEITSSCHRITTE

1 Die Schlämmkreide in den Eimer sieben, bis das Pulver etwas oberhalb der Wasseroberfläche steht. Die Mischung über Nacht stehen lassen, dann das überschüssige Wasser abgießen.

2 Zum Färben der Leimfarbe etwa 0,5 Kilogramm Abtönfarbe mit Wasser zu einer Paste verrühren und zu der Farbe geben. Vor der Verwendung den warmen Leim einrühren.

DISPERSIONSÜBERZUGSMITTEL

Einen ähnlichen Effekt erzielt man auch mit Fertigprodukten, wie beispielsweise Dispersionsüberzugsmittel, die in den meisten Fachgeschäften erhältlich sind. Profis verwenden sie gerne für Wände, wenn eine seidenmatte Oberfläche erzielt werden soll. Das Mittel wird stark mit Wasser verdünnt – etwa 2 Teile Farbe auf 8 Teile Wasser – und auf eine Grundierung aus weißer Dispersionsfarbe aufgetragen. Das Ergebnis ist ein matter, transparenter Glanz.

PAPIERHERSTELLUNG AUS ALTPAPIER

Natürliches Papier hat sowohl im östlichen als auch im westlichen Kulturkreis eine lange Tradition. Zu Dekorationszwecken eignet es sich mit seinen feinen Farben und natürlichen Texturen hervorragend als Wandverkleidung. Die Papierherstellung aus Altpapier ist umweltfreundlich und führt mitunter zu phantastischen Ergebnissen. Zwar lassen sich die meisten Papiersorten recyceln, doch die stärksten Fasern sind in Computerpapier, Zeitungen, Geschenkpapier und Umschlägen aus Manilapapier enthalten.

Für die Herstellung von DIN-A4-Bögen zum Tapezieren benötigt man eine Schöpfform und einen Deckel. Es dürfen keine Werkzeuge verwendet werden, die rosten können, da sonst das Papier kleine braune Flecken bekommt. Fügt man pflanzliche Materialien wie Glockenblumen, Kirschblüten oder gekochten und durchgesiebten Lauch oder Rharbarber hinzu, bekommt das fertige Papier eine interessante Textur und Farbe.

SCHÖPFFORM UND DECKEL

4 Holzleisten, 2 x 3 cm stark, 20 cm lang
4 Holzleisten, 2 x 3 cm stark, 15 cm lang
Kleine Nägel
8 flache L-förmige Metallwinkel
Schrauben
Siebgeflecht aus Messing oder Aluminium mit 5 - 10 Löchern pro cm^2 oder Netzstoff mit 10 - 15 Löchern pro cm^2

VORBEREITUNG

Für die Schöpfform und den Deckel kann man auch alte Bilderrahmen nehmen: Zwei Rahmen 20 mal 15 Zentimeter sind genau richtig. Ob man nun Bilderrahmen nimmt oder den Rahmen selbst baut, das Holz sollte jedenfalls nicht zu viele Astknoten haben und auch nicht verbogen sein; am besten ist glattes Kiefernholz. Von fertigen Holzrahmen eventuelle Farbe oder Lasur entfernen und verleimte Verbindungsstellen mit nichtrostenden Schrauben oder Nägeln verstärken. Je gröber das Sieb, desto gröber fällt das Papier aus; bei einem feineren Sieb bekommt das Papier eine feinere Textur.

ARBEITSSCHRITTE

1 Für die Schöpfform vier Holzleisten - zwei à 20 und zwei à 15 Zentimeter lang - zu einem Rechteck auslegen und an den Ecken mit kleinen Nägeln zusammennageln; dann mit L-förmigen Winkeln verstärken. Zur Herstellung des Deckels ebenso verfahren.

2 Das Siebgeflecht auf die Schöpfform legen und mit Messingnägeln oder Kupferheftklammern befestigen.

3 Die fertige Schöpfform mit dem Deckel.

4 Auf der Schöpfform wird der Bogen Papier geformt.

1

2

3

4

PAPIERHERSTELLUNG

Unterschiedliche Papiersorten erzeugen unterschiedliche Effekte. Ideal ist Computerpapier, denn es hat lange, starke Fasern. Herkömmliches Zeitungspapier wird bei der Verarbeitung zu Brei grau, so daß man es am besten zusammen mit anderem Papier verwendet. Rosa Zeitungspapier wird braun, wenn es trocken ist. Papiertüten oder Briefumschläge sind ebenfalls geeignet.

MATERIALIEN

Altpapier nach Wahl
2 Plastikeimer
Mixer oder Küchenmaschine mit
1 l Fassungsvermögen
Große Schüssel, mindestens 15 cm tief
und so groß, daß Schöpfform und
Deckel bequem hineinpaßen
Rührbesen
Schöpfform und Deckel
Plastikschüssel für überschüssigen
Papierbrei
Palettmesser

ZUBEREITUNG DES PAPIERBREIS

1 Das Papier von Heftklammern, Kleber oder sonstigen Fremdkörpern befreien.

2 Das Papier in 3 Zentimeter große Quadrate reißen und über Nacht oder bis zu einer Woche in Wasser einweichen, bis es sich weitestgehend aufgelöst hat. Man kann das Papier auch mit kochendem Wasser übergießen und ein paar Stunden stehen lassen.

3 Das eingeweichte Papier nach und nach im Mixer oder in der Küchenmaschine verflüssigen. Zu Anfang 10 bis 15 Stücke auf je 0,75 Liter hineingeben. Die Maschine etwa 15 Sekunden laufen lassen. Sollten noch Klumpen vorhanden sein, Vorgang wiederholen, bis sich eine glatte, cremige Konsistenz ergibt.

4 Für die Herstellung eines Papierbogens die Schüssel mit dem Papierbrei füllen, so daß sich Schöpfform und Deckel problemlos eintauchen lassen. Den Brei rasch mit der Hand oder dem Rührbesen umrühren.

HERSTELLUNG VON PAPIERBÖGEN

1 Den Deckel auf die Schöpfform, Geflecht nach oben, legen und zusammendrücken. Schöpfform und Deckel an der schmalen Seite der Schüssel senkrecht in den Brei stellen.

2 Schöpfform samt Deckel so vorsichtig und langsam wie möglich schräg legen, um sie in waagrechte Position zu bringen; dazu die beiden Rahmen behutsam vorwärts ziehen, bis sie ganz eingetaucht sind. Dann waagrecht aus dem Brei heben. Beim Herausheben von Schöpfform und Deckel bleiben die Fasern durch den Druck auf das Geflecht an ihm haften; der Druck kann sehr stark sein.

3 Schöpfform und Deckel weiter waagrecht halten und vorsichtig nach beiden Seiten und vor und zurück rütteln. Schöpfform und Deckel leicht schräg über die Schüssel halten und überschüssiges Wasser aus dem Brei tropfen lassen.

DAS PAPIER TROCKNEN

Schöpfform und Deckel auf eine gerade Fläche legen. Den Deckel vorsichtig von der Schöpfform heben, so daß keine Tröpfchen auf das Siebgeflecht mit dem Brei fallen. Herabfallende Tröpfchen ergeben Löcher im Papier.

Zum Trocknen des Papiers die Schöpfform mit der Breiseite nach oben auf eine Unterlage aus Zeitungen setzen. Die Unterlage muß mehrmals erneuert werden, bevor der Papierbogen trocken ist. Wenn das überschüssige Wasser größtenteils abgetropft ist, kann man die Schöpfform zum völligen Trocknen schräg gegen eine Wand oder einen Schrank lehnen. Das Papier nach dem Trocknen mit einem Palettmesser von der Schöpfform heben, indem man den Bogen Papier vorsichtig vom Geflecht löst.

1

2

3

IMITIERTES FRESKO

Bevor man vorschnell die natürlichen Rosa- oder Grautöne einer frisch verputzten oder von der Tapete befreiten Wand übermalt, sollte man statt dessen das wirkungsvoll zur Geltung bringen, was bereits vorhanden ist. Die Imitation eines alten verblichenen Freskos mit seinen verwischten Farben ist eine relativ einfache Technik. Sobald man den erwünschten Farbton erzielt hat, kann man zur weiteren Verschönerung noch einige Motive aufmalen, wie Früchte, Blätter oder geometrische Muster, und sie wie in Schritt 3 und 4 »antikisieren«.

MATERIALIEN

2 Töne dunkelrosa Dispersionsfarbe (Latexfarbe); 2,5 l reichen für etwa 25 m²
Weiße Dispersionsfarbe
Wasser zum Verdünnen
2 Eimer
2 Pinsel, 10 cm und 5 cm breit
Feines Schleifpapier
Weicher Lappen zum Wischen

VORBEREITUNG

Bevor man einen neuen Gipsputz streicht, muß er völlig trocken sein. Wenn man eine Wand streichen will, die vorher tapeziert war, sollte man darauf achten, daß sämtliche Tapeten- und Leimreste entfernt sind, bevor man die Wandfläche mit Schleifpapier vorsichtig glättet. Vorhandene Löcher mit Füllstoff aus dem Fachhandel ausbessern, anschließend erneut schleifen. Die Wandfläche muß keine einheitliche Farbe haben, da sie ohnehin dünn gestrichen wird. Das Ziel ist ein gebrochener Farbton.

ARBEITSSCHRITTE

1 Zwei Farbtöne dunkelrosa Dispersionsfarbe in einem Eimer mischen, bis man den gewünschten Farbton erzielt hat, dann mit Wasser verdünnen. Zunächst 2 Teile Wasser auf 1 Teil Farbe geben und auf einem Stück Papier solange experimentieren, bis man die gewünschte Konsistenz erreicht hat. Anschließend das Mischungsverhältnis von Farbe und Wasser notieren, falls man später noch mehr anrühren möchte. Zuerst die gewählte Farbe auf einer kleinen Fläche ausprobieren. Dann die für den Anstrich benötigte Menge Farbe vorbereiten.

2 Die Lasurfarbe mit einem Pinsel auf die Wand streichen, und zwar in langsamen, gleichmäßigen Bewegungen. Ziel ist es, die Farbe so dünn aufzutragen, daß der Putz durchscheint. Eine Schicht auftragen und dann trocknen lassen. Wer eine dichtere Oberfläche möchte, trägt ein oder zwei Schichten mehr auf.

3 Weiße Dispersionsfarbe in dem zweiten Eimer mit Wasser so weit verdünnen, bis sie fast durchscheinend ist (etwa 8 Teile Wasser auf 1 Teil Farbe). Die Farbe auf die gleiche Weise auftragen und trocknen lassen.

4 Schließlich die Wand mit feinem Schleifpapier glätten, bis der gewünschte Effekt erreicht ist. Zum Schluß mit einem weichen Lappen den Staub von der Wand wischen.

1

2

3

4

FUSSBÖDEN

FUSSBÖDEN

Der Fußboden ist für jeden Raum ein bestimmendes Element. Für die Innenausstattung bildet der Fußboden den Hintergrund, doch wenn man bedenkt, wie wir Räume normalerweise erleben, so sind Fußböden alles andere als unauffällig. Barfuß oder beschuht gehen wir über Fußböden, und manchmal sitzen oder liegen wir sogar auf ihnen. Für Kinder ist der Fußboden der natürliche Ort zum Spielen. Fußböden können Geräusche verstärken oder dämpfen; sie können bei Kälte wärmeisolierend wirken und bei Hitze eine erfrischende Kühle verbreiten; sie können Stöße aushalten und es vertragen, wenn man etwas verschüttet oder fallen läßt – sie können aber auch weniger nachsichtig sein.

Natürliche Materialien eignen sich hervorragend als Bodenbelag. Das Angebot an Bodenbelägen ist derart vielfältig, daß sich für beinahe jeden Anspruch das Passende finden läßt. Ein Teppich aus reiner Wolle ist warm und weich und schont zarte Kinderknie; Stein, Ziegel oder Terrakottakacheln halten der täglichen Belastung stand, der ein Boden in der Diele als Durchgangsbereich eines Hauses oder einer Wohnung ausgesetzt ist; Linoleum – verblüffenderweise ein reines Naturprodukt – ist abwaschbar und ein guter Bodenbelag für Küchen und Badezimmer. Bei der Auswahl des Belags für einen bestimmten Raum sind die Eigenschaften, die Qualität und die Pflegeanforderungen des Materials in Betracht zu ziehen.

Ein natürlicher Bodenbelag erfüllt nicht nur praktische Zwecke, er ist seinen synthetischen Pendants auch in ästhetischer Hinsicht weit überlegen. Jede auf Beanspruchung zurückzuführende Veränderung eines synthetischen Materials bedeutet für gewöhnlich eine Verschlechterung. Natürliche Materialien hingegen halten sich gut, was nicht nur bedeutet, daß sie strapazierfähig sind, sondern auch, daß Abnutzungserscheinungen der Oberfläche zusätzlich Tiefe und Charakter verleihen, eine »Patina«, die instinktiv als angenehm und beruhigend empfunden wird. Alte Stein- oder Ziegelböden halten jahrhundertelang und sehen mit den Jahren immer besser aus. Auch richtig gepflegtes Holz reift und altert gut. Ein qualitativ hochwertiger Wollteppich oder Naturfaserbeläge aus Sisal und Jute haben eine beträchtliche Lebensdauer; bei richtiger Pflege zahlt sich die anfängliche Investition dadurch aus, daß sie viele Jahre gute Dienste leisten und wunderschön aussehen. Unsere Vorliebe für solche Oberflächen hängt in großem Maße mit ihren strukturellen und taktilen Eigenschaften zusammen; der Boden ist schließlich eine Oberfläche, mit der wir direkte körperliche Berührung haben.

Ein natürlicher Bodenbelag bildet als Hintergrund eine Ergänzung für nahezu jede dekorative Raumgestaltung. Die neutralen Farbtöne von Holz, Stein, Terrakotta und Naturfasern sind optisch angenehm. Doch natürliche Materialien müssen nicht unscheinbar sein. Holz läßt sich beizen oder streichen, Wollteppiche sind in den unterschiedlichsten Schattierungen gefärbt, und neue Sortimente von Sisal- und Jutebelägen bieten mitunter auffallende Muster und kräftige, reine Farben.

Natürliche Bodenbeläge wirken gut in Verbindung mit anderen Dekorationselementen. Man braucht sich über Stilbrüche oder abrupte Stimmungswechsel von Raum zu Raum oder Fläche zu Fläche kei-

LINKS: In Stein eingelegte Felsplatten und Kiesel ergeben einen traditionellen Fußboden aus heimischen Materialien. Sie sind beständig, staubfrei, wunderbar strukturiert und haben einen dreidimensionalen Reiz.

UNTEN LINKS: Mit den gestrichenen Holzpaneelen und den abgenutzten Holzstufen wirkt diese schmale steile Treppe richtig gemütlich. Ein farblich abgesetzter Streifen am oberen Rand der Holzverkleidung unterstreicht den Übergang von Holz zu Putz.

RECHTS: Die ganz in Weiß gehaltenen Wände, Decke und Boden bilden einen stilvollen Kontrast zu den blauweißen geometrischen Mustern der Teppiche.

VINCENT VAN GOGH

ne Gedanken zu machen. Ziegel und Holz, Stein und Sisal, die Veränderung ist für die Füße spürbar, aber nie unangenehm. Ein weiterer Vorteil ist, daß man auf die meisten Naturböden gut einen Teppich legen kann, und Kelims, Dhurries oder Flickenläufer auf Fußbodendielen, Naturfaserbelägen, Holz oder Stein verstärken die Wirkung des natürlichen Materials zusätzlich.

Teppiche

Ein Teppichboden ist der klassische moderne Bodenbelag. Wer sich für eine eher traditionelle Variante des natürlichen Wohnens interessiert, sollte die Wahl eines Teppichs ins Auge fassen. Er ist ein nahtloser, unaufdringlicher Untergrund; er ist warm, weich, lärmdämpfend und pflegeleicht. Auch wenn er nicht ganz so strapazierfähig ist wie manche anderen natürlichen Materialien, ein Wollteppich hält sich in den meisten Räumlichkeiten gut, mit Ausnahme von Küchen, Badezimmern und Wirtschaftsräumen.

Wolle ist der Grundbestandteil eines qualitativ hochwertigen Teppichs; wer ein reines Naturprodukt möchte, sollte einen Teppich aus hundertprozentiger Wolle wählen. Die Kosten sind zunächst sehr viel höher als bei einem Teppich, der einen hohen Anteil synthetischer Fasern enthält, doch der Qualitätsunterschied ist beträchtlich. Synthetische Fasern wie Nylon und Acryl verlängern die Lebensdauer eines Teppichs und senken seinen Preis, daher muß man bei der Anschaffung eines Wollteppichs auch eine geringere Haltbarkeit in Kauf nehmen.

Teppiche gibt es in vielen verschiedenen Farben und Strukturen. Wer neutrale Farben liebt – Grau, gebrochenes Weiß, Sand- oder Beigetöne –, sollte zum Ausgleich eine lebendigere Struktur als einfachen Schnittflor wählen. Spezialfirmen stellen Wollteppiche in Bouclé, als Flachgewebe und im Preßverfahren her, die außergewöhnlich hübsch und luxuriös sein können.

Der unter ökologischen Gesichtspunkten hohe Wert eines reinen Wollteppichs kann beeinträchtigt werden, wenn er auf einen synthetischen Unterboden gelegt wird. Filz, eine Mischung aus Wolle und Tierhaaren, ist eine natürliche Alternative. Für Teppiche mit Juteunterseite gibt es im Handel einen umweltfreundlichen Teppichkleber, doch die meisten hochwertigen Webteppiche sollte man vom Fachmann verlegen lassen.

Bodenbeläge aus Naturfasern

Bodenbeläge aus Naturfasern wie Coir, Sisal, Jute und Binse erfreuen sich seit einigen Jahren zunehmender Beliebtheit. Wie bei vielen »Entdeckungen« dieser Art ist die Verwendung solcher Materialien nichts Neues. Bereits seit dem Mittelalter leisten Matten als Bodenbelag gute Dienste, und von der früher in Schlössern und Herrenhäusern angewandten Methode, Binsen und Stroh lose auf dem Fußboden zu verteilen, bis hin zur modernen Verwendung dieser Materialien ist es nur ein kleiner Schritt.

Naturfasermatten wurden ursprünglich wegen ihres praktischen Nutzens und nicht aus ästhetischen Gründen geschätzt (George IV. allerdings soll sie als passenden Bodenbelag für den im indischen Mogulstil eingerichteten und gestalteten Royal Pavilion in Brighton ausgewählt haben). Daß Naturfasermatten nicht mehr nur in Korridoren oder im Eingangsbereich, sondern auch im Wohnzimmer verwendet werden, ist jedoch ein relativ neues Phänomen. Die heutige Vorliebe für Schlichtheit hat dazu geführt, daß Mattenbeläge um ihrer selbst willen geschätzt werden und nicht mehr nur, weil sie schmutzabweisend und pflegeleicht sind.

Der Handel bietet mittlerweile ein breites Sortiment an Naturfaserbelägen an, die jeweils charakteristische Merkmale und Anwendungsmöglichkeiten besitzen. Das preiswerteste Material ist Seegras, eine glatte, harte Faser, die auf Naßfeldern angebaut wird. Seegras ist robust und flexibel; es ist außerdem antistatisch,

LINKS: Die großen kretischen Vasen mit den koschenillefarbenen Zweigen setzen in diesem Wohnzimmer einen ausgefallenen Akzent. Der Honigton der abgeschliffenen Holzdielen findet in dem geflochtenen Sisalteppich und den Herbstfarben eine harmonische Abrundung.

GANZ LINKS: Strapazierfähige und umweltfreundliche Seegrasmatten passen wunderbar in Räume, in denen ihre gebrochene Struktur und natürliche Farbe eine harmonische Ergänzung zu neutralen Wänden und Wohnelementen bilden.

Ein neuer Parkettboden ist sowohl geschmackvoll als auch pflegeleicht. Das neue Holz sollte allerdings aus kontrolliertem Anbau stammen. Die klare Eleganz dieses Flurs wird durch die Holzjalousien zusätzlich verstärkt.

bequem und haltbar. Die Faser ist praktisch undurchlässig, weshalb solche Bodenbeläge flecken- und schmutzabweisend sind. Aus dem gleichen Grund läßt sich Seegras allerdings nicht färben; um seinen gelbbraunen und rötlichgelben Naturton farblich aufzulockern, werden farbige Fäden eingewebt.

Coir, die Faser der Kokosnuß, ist ein weiterer robuster, preisgünstiger Bodenbelag. Dieses traditionellerweise für Fußmatten verwendete Material ist rauh und piekt, wenn man mit nackten Füßen darüber geht, weshalb es als Belag in Räumen wie Schlafzimmern ungeeignet ist. Coir gibt es in zahlreichen Webarten, etwa in Bouclé, Panama und Fischgrät, und in einer großen Palette kräftiger Farben, von Waldgrün bis Leuchtendrot, aber auch in neutralen Tönen. In bunten Streifen oder Zickzackmustern sieht Coir durchaus edel und modisch aus, doch in der einfachen Version ist es ein ideales rustikal wirkendes Bodenmaterial und eine ausgezeichnete Unterlage für Läufer.

Sisal ist eine Hartfaser aus den Blättern der Sisalagave, *Agave sisalana*, ein dunkelgrüner Dornenbusch in den Subtropen. Sisal gibt es in verschiedenen Webarten, von Plaid bis Fischgrät, und die Farbpalette reicht von Indigoblau bis Scharlachrot. Im Gegensatz zu der eher rustikalen Ästhetik von Seegras und Coir weist Sisal mit seiner weicheren Struktur die Eleganz eines Teppichs auf und läßt sich in Schlafzimmern verwenden. Für alle, die es noch etwas bequemer und feiner möchten, bietet der Handel einen neuen natürlichen Bodenbelag an, der aus einer Mischung von Sisalfasern und Wolle hergestellt wird.

Jute, das weichste und dementsprechend am wenigsten robuste Naturfasermaterial, stammt von einer indischen Pflanzenart; ihre Fasern wurden lange Zeit für die Herstellung von Seilen und Teppichunterlagen importiert. Als Bodenbelag ist Jute gebleicht, naturfarben, in Pastelltönen und kräftigen Farben wie auch in vielerlei Webarten erhältlich.

Binse wird zu dicken, geflochtenen Strängen verarbeitet. Diesen Bodenbelag gibt es in jeder beliebigen Breite – für einen ganzen Raum, als große Matte oder als Läufer. Das Material eignet sich jedoch nicht als Treppenbelag. Binsenmatten müssen regelmäßig mit Wasser besprengt werden, damit sie ihre Qualität bewahren und nicht brechen.

Viele Naturfaserbeläge verschleißen leicht bei starker Beanspruchung, wie sie beispielsweise durch Laufrollen entsteht. Deshalb ist unter Stuhl- und Sofabeinen eine Schutzmaßnahme zu empfehlen. Hohe, spitze Absätze können ebenfalls Schäden verursachen. Mit Ausnahme der robusten Matten sind die meisten für Räume mit hoher Feuchtigkeit, wie etwa Badezimmer, nicht geeignet, und gröberes Gewebe kann sich auf der Treppe als gefährlich erweisen; Seegras kann auf Treppen verlegt werden, wenn die Faserung parallel zur Trittfläche verläuft. Die meisten der genannten Bodenbeläge haben eine Unterschicht aus Latex und lassen sich auf einer Unterlage verlegen oder auf dem Fußboden verkleben. Sisal, Coir und Jute können Flecken bekommen, es sind jedoch Mittel zur vorbeugenden Behandlung erhältlich; ansonsten werden diese Beläge ähnlich wie Teppiche gepflegt.

Holz

Holz wird seit Jahrhunderten als Bodenbelag verwendet, und seine lange Geschichte als Baumaterial zeigt, daß es einen ganz ursprünglichen Reiz hat. Von allen natürlichen Materialien wird Holz zur Gestaltung von Wohnräumen vermutlich am häufigsten benutzt. Holz ist bei guter Pflege langlebig und gewinnt mit den Jahren an Ausstrahlung. Es ist robust, so daß es den alltäglichen Beanspruchungen im Haushalt standhält, und gleichzeitig behaglicher und elastischer als härtere Materialien wie beispielsweise Fliesen und Stein. Besonders elegante Holzböden zählen zu den hübschesten Oberflächen, aber sogar abgenutzte und lädierte Bodendielen können wieder so aufgearbeitet werden, daß sie einem Raum Charakter und Schönheit verleihen.

Die preiswerteste Methode, zu einem guten Holzboden zu gelangen, ist die Renovierung bereits vorhandener Dielen. Alte Häuser haben vor allem in den oberen Etagen zumeist Holzböden. In Häusern des 19. Jahrhunderts und aus der Zeit der Jahrhundertwende sind die Bodendielen für gewöhnlich aus Nadelholz, meistens Kiefer oder Tanne, in vornehmeren Gegenden haben Häuser aus derselben Zeit dagegen oft Parkett aus Hartholz.

Einen lädierten Dielenboden zu restaurieren oder auszubessern ist vor allem eine Frage des Aufwandes und weniger

des Geldes. Je nach Zustand des Bodens muß man eventuell Nägelköpfe versenken, Spalten kitten oder mit Holzleisten schließen, lose Bretter festnageln und beschädigte oder morsche ersetzen. Wenn die Dielen unter einem Teppich oder einem anderen Belag verdeckt waren, genügt es vielleicht schon, den Boden gründlich mit heißem Wasser und einem starken Reinigungsmittel zu säubern und anschließend etwas abzuschmirgeln, um hartnäckige Flecken oder Druckstellen zu entfernen. Doch die meisten alten Dielenbretter, besonders wenn sie über einen langen Zeitraum offen lagen, muß man maschinell abschleifen, um mehrere Schichten Lasur, Wachs, Beize oder Farbe zu entfernen oder um sie nur gründlich zu reinigen und eben zu machen. Das ist sehr mühsam, selbst mit einer Bodenschleifmaschine, die man in Fachgeschäften ausleihen kann. Das Gerät ist strikt nach Anweisung zu bedienen, man sollte unbedingt einen Atemschutz tragen, um keinen Staub einzuatmen, und das Sägemehl ist gründlich zu entsorgen, da es feuergefährlich ist. Zunächst schleift man die Dielen diagonal, dann erneut in umgekehrter Richtung und schließlich in Richtung der Maserung. Die Ränder des Bodens werden mit einem Randschleifer geschliffen. Nach dem Schleifen muß der Boden sorgfältig von Staubrückständen befreit werden.

Ein Holzhaus, das augenscheinlich ohne synthetische Materialien auskommt, zollt dem Ethos des Natürlichen Tribut. Die behagliche Eleganz, die das Holz, die gebrochenen Weißtöne und die den Raum definierenden schwarzen Farbakzente ausströmen, spiegelt die Schlichtheit wider, die aus echter Naturverbundenheit erwächst.

OBEN: Holdzdielen wirken in jedem Raum ansprechend, ob er nun in klaren Linien gestaltet oder in einem modernen oder rustikalen Stil eingerichtet ist. Ein Holzboden mit langen, breiten Dielen in blassen und sonnengebleichten bis honigfarbenen Tönen ist in Kombination mit Einrichtungselementen aus Metall und Glas eine ideale Grundlage für modernes Wohnen.

RECHTS: Die schlichte, gewundene alte Treppe wird durch die ockerfarbene Wand angenehm akzentuiert. Zur Pflege und zum Schutz solch abgenutzter Dielen und Treppen genügt eine regelmäßige Behandlung mit Leinöl oder Bienenwachs.

Alte Riemenfußböden, Stabparkett oder Parkettdielen aus Hartholz sind massiv und können genauso geschliffen werden wie Dielenbretter; bei neueren furnierten Sperrholzfußböden ist vorher zu überprüfen, ob das Furnier für diese Methode auch dick genug ist. Gesäuberte oder abgeschliffene Dielen müssen auf jeden Fall behandelt werden, da sie sonst schnell abnutzen, splittern und Druckstellen bekommen. Man kann sie je nach dem gewünschten Effekt versiegeln, wachsen, lasieren, beizen oder streichen. Der leicht orangefarbene Ton von abgebeiztem oder abgeschliffenem Kiefernholz ist in den letzten Jahren aus der Mode gekommen, da er etwas dominant und grell wirken kann. Um dem abzuhelfen, hellt man den Grundton des Holzes mit einem Bleichmittel auf. Damit erreicht man zwar nicht, daß Kiefernholz wie wertvolleres Hartholz aussieht, aber es bekommt einen helleren, dezenteren Ton.

Einige Inhaltsstoffe synthetischer Lacke zum Versiegeln von Holzböden sind giftig. Diese Lacke sollten nach Empfehlung der Hersteller nur mit Schutzmaske, -handschuhen und -kleidung verarbeitet werden. Außerdem müssen die Räume, bis der Lack getrocknet ist, gut gelüftet werden. Es ist ebenfalls ratsam, sich nicht in dem Raum aufzuhalten, bis die Dämpfe verflogen sind. Synthetische Versiegelungslacke basieren meist auf Polyurethan, ein Kunststoff, der mit der Zeit unansehnlich gelb wird. Grundiermittel und Oberflächenmaterialien auf Naturharz- oder Ölbasis garantieren einen gleichwertigen Schutz, sind aber ungiftig, und der Handel bietet mittlerweile auch biologisch unbedenkliche Alternativen zu synthetischen Oberflächenversiegelungen und Klarlacken an. Versiegelungslacke kann man mit natürlichen Farbstoffen tönen. Flüssiges Bienenwachs ist eine gute, wasserabweisende Oberflächenbehandlung für Holzböden, denn es bringt die Maserung besser zur Geltung und duftet angenehm.

Neue Holzböden können sowohl kostspielig als auch erschwinglich sein. Im Handel gibt es eine große Auswahl an Holzböden, von Hartholzriemchen über Stabparkett und Parkettdielen bis hin zu Mosaikparkett; man kann aber auch Dielen nach eigenen Wünschen und Mustern verlegen. Am besten wählt man einheimisches Hartholz oder Holzarten aus kontrolliertem Anbau. Führende Fachhändler reagieren verstärkt auf die Wünsche umweltbewußter Kunden und geben detaillierte Angaben über die Herkunft ihrer Holzprodukte. Harthölzer wie Teak und Mahagoni stammen von tropischen Bäumen, die zu den bedrohtesten Arten gehören. Eiche, Nordamerikanischer Ahorn, Buche, Esche und Platane sind gute Bodenhölzer mit charakteristischen Farben, Tönungen und Maserungen.

Abgesehen von Pfennigabsätzen und Zigarettenglut, die die Versiegelung zerstören und wasserdurchlässig machen, halten Holzböden der normalen Beanspruchung im Haushalt stand. Doch sobald sich Siegellack oder Firnis abnutzen, müssen sie erneuert werden.

Kork

Korkfliesen sind ein schlichter, natürlicher Bodenbelag. Kork, die abgeschälte äußere Rinde der in Südeuropa heimischen Korkeiche, *Quercus suber*, ist ein nachwachsender Rohstoff, da die Rinde sich erneuert und bei der Herstellung nur wenig Abfall erzeugt wird.

In praktischer Hinsicht ist Kork strapazierfähig, ein wirkungsvoller Dämmstoff gegen Kälte und Lärm und obendrein angenehm, elastisch und fußwarm. Traditionelle Anwendungsbereiche sind unter anderem Badezimmer und Küchen. Im unversiegelten Zustand kann Kork seine Saugfähigkeit bewahren; mit organischem Grundiermittel oder Wachs behandelter Kork ist wasserabweisend und strapazierfähig. Zum Verlegen bietet der Handel ökologisch unbedenkliche Kleber an.

Linoleum

In Räumen, in denen Wasserresistenz eine Rolle spielt, beispielsweise in Küchen und Bädern, ist Linoleum eine natürliche Alternative zu PVC oder Vinylbodenbelägen. Linoleum weckt bei vielen Menschen un-

angenehme Erinnerungen an frühere Zeiten, als das Material in erster Linie unter praktischen Gesichtspunkten hergestellt wurde und zudem leicht brach. Linoleum ist jedoch erheblich verbessert worden, auch in optischer Hinsicht.

Linoleum wird aus Leinöl, Holzmehl, Kreide, gemahlenem Kork und Harzen hergestellt und warm auf Jute- oder Hessiangewebe aufgewalzt. Hochwertiges Linoleum ist dick, stark und elastisch; es ist in Bahnen oder als Fliesen und in zahlreichen Farben, Mustern und Texturen erhältlich. Ein glänzender Linoleumboden in gebrochenem Weiß verleiht jedem hellen Raum einen urtümlichen Charakter; einen dekorativeren Effekt erzielt man, wenn man ausgeschnittene Formen in verschiedenen Farben verwendet oder die Fliesen in einem Muster verlegt.

Linoleum ist antistatisch und resistent gegen Brandflecken und Schäden durch Chemikalien. Es fault auch nicht auf einem feuchten Boden. Der Handel bietet lösemittelfreie Kleber zum Verlegen an, eine Versiegelung ist nicht erforderlich.

Ziegel und Fliesen

Die optische Wärme von Fußböden aus Ziegeln, Terrakotta, unglasierten Fliesen oder anderen Materialien, deren Grundbestandteil Ton ist, steht im Gegensatz zu ihrer harten Oberfläche. Diese dezenten Böden mit ihrem rustikalen Charme und feinen Erdtönen wie Braunrot, Gelbbraun und Ockergelb sind äußerst langlebig und wirken gemütlich. Sie eignen sich hervorragend für Räume mit direktem Zugang zum Garten, denn sie bieten einen praktischen und harmonischen Übergang.

Auch die natürlichen Farb- und Oberflächenabweichungen zwischen den einzelnen Fliesen oder Ziegeln tragen zum Charme des Materials bei. Ziegel lassen sich zu unterschiedlichen rhythmischen Arrangements verlegen, wie etwa Fischgrät- und Korbgeflechtmuster, was ihre Lebendigkeit noch verstärkt; aus alten Ziegeln, die man bei speziellen Recyclingfirmen bekommt, lassen sich wunderbare Böden gestalten. Unglasierte Fliesen oder andere rustikale Terrakottaplatten bekommen mit der Zeit eine angenehm narbige Oberfläche; wie Ziegel müssen sie weder versiegelt noch poliert werden.

Der Nachteil dieser Materialien ist, daß sie geräuscheverstärkend wirken, fußkalt und hart sind – die meisten zerbrechlichen Gegenstände gehen kaputt, wenn sie auf einen Ziegel- oder Fliesenboden fallen. Viele dieser Materialien sind erheblich schwerer als andere Bodenbeläge, weshalb sie für obere Etagen oder nicht tragfähige Unterböden untauglich sind. Außerdem ist die Verlegung häufig kostspielig und schwierig. Ziegel sind darüber hinaus porös und bekommen Flecken.

OBEN: Auf den Steinstufen sind die gleichen unglasierten Fliesen verlegt wie auf dem Boden ober- und unterhalb der Treppe. Die satten Erdtöne runden die leuchtendrot gestrichenen Fensterläden ab, die deutlich gegen die weiß getünchten Wände der übrigen Räume abstechen.

OBEN RECHTS: Auffällig große Steinfliesen lassen den quadratischen Eingangsbereich größer erscheinen; der Putz an den Wänden ist dunkelrosa abgetönt, damit das Licht vom Boden reflektiert und gebrochen wird. Die Bodenfliesen des angrenzenden Raumes haben ein noch größeres Format.

Stein

Naturstein gehört zu den schönsten Bodenmaterialien. Sein edles Aussehen hat zwar seinen Preis, doch Stein besitzt eine einzigartige Wirkung und paßt in seiner Schlichtheit sowohl zu modernen Einrichtungen als auch zu Stilmobiliar. Stein gibt es in einer großen Auswahl von Farben und Strukturen, von graugrün glänzendem Schiefer über die gedämpften Töne körnigen Sandsteins bis zur kühlen, glänzenden Eleganz des Marmors.

Alte Steinplatten oder Marmorfliesen bekommt man eventuell bei speziellen Recyclingunternehmen; wer sich für neuen Stein entscheidet, für den sind einheimische Produkte die preiswertere und naheliegendere Lösung als ausgefallene, importierte Ware.

Stein hat etwa dieselben Nachteile wie andere harte Bodenbeläge: Er ist kalt, hart, geräuscheverstärkend, schwer und schwierig zu verlegen. Einige Steinarten sind poröser als andere; eine Versiegelung kann den Charakter zerstören und die Farbe verändern.

Brücken und Läufer

Man kann Brücken und Läufer zwar als reine Bodenaccessoires betrachten, doch sie sind noch weitaus vielseitiger einsetzbar. Neben ihrer dekorativen Wirkung machen sie unbequeme Böden weicher. Sie beleben eine eintönige Bodenfläche, be-

RECHTS: Diese als Boden einer Dusche originell eingesetzten Kacheln haben eine grob texturierte Oberfläche, die an verblichene römische Fresken erinnert.

GANZ RECHTS: Fliesen aus Terrakotta, mit Kieselsteinen umrandet, lassen ein Karomuster entstehen.

Ein Baumwoll-flickenteppich in gedämpften Farben und mit einem ansprechend unregelmäßigen Gewebe paßt ausgezeichnet zu der weiß gestrichenen Holztreppe und der Wandverkleidung aus Profilbrettern wie auch zu den schlichten Wohnelementen in einem Landhaus.

grenzen Sitz- oder Eßbereiche und sind eine preiswerte Möglichkeit, wenn man ohne viel Aufwand neue Akzente setzen möchte. Aus Sicherheitsgründen sollte man Brücken und Läufer auf einem glatten oder harten Boden mit rutschfesten Matten unterlegen.

Einfache gewebte und gehäkelte Brükken und Läufer oder Flickenteppiche aus Baumwolle zählen zu den preiswertesten Lösungen bei der Auswahl eines Bodenbelags. Es gibt sie in allen Formen und Größen, von Teppichen in Raumgröße bis hin zu kleinen Matten; ihre Schlichtheit paßt zu spärlich eingerichteten, modernen Räumen wie auch zu gemütlichen, rustikalen Landhäusern. Etwas feiner sind Baumwoll-Dhurries aus Indien und andere flachgewebte kleine Teppiche wie Serapes und Kelims. Am teuersten sind handgeknüpfte Perserteppiche oder orientalische Teppiche aus Seide oder Wolle.

Fußbodenbeläge aus bemaltem Stoff (Segeltuch mit dicker Farbe bemalt) waren seit Beginn des 18. Jahrhunderts beliebt, bis das Linoleum aufkam. Sie wurden häufig mit geometrischen Mustern dekoriert, doch es gab sie auch mit anspruchsvolleren Bildmotiven. Die eher schlichten Muster kann man heute ausprobieren.

Naturfasern wie Coir, Sisal, Seegras, Jute und Binse gibt es als Matten, Läufer und Teppiche in Raumgröße. Zu den edleren Varianten dieses Naturbodenbelags zählen Coirbrücken mit kräftigen Karomustern oder aufwendigeren schablonierten Mustern, flott gestreifte, bunte Juteläufer und Sisalteppiche mit Rändern in leuchtenden Kontrastfarben.

PUNKTMUSTER-SCHABLONEN

Obwohl man Böden häufig mit Seidenglanzlack streicht, um eine widerstandsfähige Oberfläche zu bekommen, wird im folgenden Vorschlag eine weiße, wasserlösliche Lackfarbe verwendet, die das Holz etwas abgenutzter aussehen läßt; der Anstrich altert mit der Zeit, statt seine ursprüngliche einheitliche Farbe zu behalten. Wenn man mehrere Schichten eines matten farblosen Lacks aufträgt, blättert die Farbe nicht so schnell ab, sondern entwickelt mit den Jahren eine natürlich gealterte Textur. Wasserlösliche Lackfarben eignen sich besonders in Räumen wie Schlaf- und Gästezimmer, die nicht so häufig begangen werden.

Ein anspruchsvolleres Design ergibt sich, wenn man Größe und Farbe des Punktmusters weiter variiert. Gut machen sich auch Zickzacklinien, Rauten oder Wellenmotive. Auf Seite 57 wird gezeigt, wie man durch Beize einen Boden mit einem Streifenmuster versehen kann.

MATERIALIEN

Weißer, wasserlöslicher Lack; 2,5 l reichen für 25 m^2
10 cm breiter Pinsel
Schablonenpappe
Zirkel
Teppichmesser
Metallmeßband
Kreppband
Fliederfarbener und gelber, wasserlöslicher Lack
Schablonierpinsel
Matter Klarlack und Pinsel oder Wachs

VORBEREITUNG

Die Bodendielen scheuern und von Altanstrichen befreien (siehe Seite 57).

ARBEITSSCHRITTE

1 Die weiße Lackfarbe gleichmäßig auftragen und über Nacht trocknen lassen. Je nach Farbe und Zustand der Bodendielen sind eventuell noch zwei oder mehr Anstriche notwendig.

2 Für das Punktmuster mit einem Zirkel auf der Schablonenpappe einen Kreis von 2,5 Zentimeter Durchmesser zeichnen. Mit einem Kreuz die Mitte des Kreises markieren. Die Schablone mit einem Teppichmesser ausschneiden.

3 Mit der Schablone und einem Meßband markieren, an welchen Stellen die einzelnen Punkte auf dem Boden aufgemalt werden sollen.

4 Die Schablone mit Kreppband befestigen und mit dem Schablonierpinsel gelb und fliederfarben ausmalen. Über Nacht trocknen lassen.

5 Je nach gewünschter Schutzschicht sowie voraussichtlicher Beanspruchung mehrere Schichten Klarlack auftragen oder mit Wachs polieren. Dabei jede einzelne Schicht vor dem Auftragen der nächsten trocknen lassen.

AUFGEHELLTE BODENDIELEN

Eine umweltfreundliche und zugleich elegante und anspruchsvolle Behandlung von abgeschliffenen Holzdielen führt zu dem mattweißen abgenutzten Effekt, der so typisch ist für die Fußböden traditioneller schwedischer Räume aus dem 18. Jahrhundert.

Früher mußten dazu die Dielen wiederholt mit nassem Silbersand gescheuert werden, was sehr mühsam war, und der charakteristische natürliche, ungleichmäßige Effekt stellte sich meist erst nach Jahrzehnten ein.

Zum Glück läßt sich eine annähernd ähnliche Wirkung heute mit anderen Mitteln in relativ kurzer Zeit erreichen. Natürliche Klarlacke müssen öfter erneuert werden als die herkömmlichen Polyurethanlacke.

MATERIALIEN

Rohleinöl; etwa 2,5 l reichen für 25 m^2
Kleine Tube Zinkweiß, Pigmentpulver oder Abtönfarbe
Lappen

ARBEITSSCHRITTE

1 Eine kleine Menge Zinkweiß in das Öl mischen. Die Mischung mit einem Lappen auf die Dielen auftragen, dabei zunächst gegen die Maserung, dann in Richtung der Maserung reiben.

2 24 Stunden trocknen lassen, dann mit einem matten farblosen Lack überziehen oder einfach eine zweite Schicht des Aufhellungsmittels auftragen, wenn sich der erste Anstrich allmählich abnutzt.

STREIFENMUSTER MIT BEIZE

Man kann die natürliche Maserung von Holzdielen besser zur Geltung bringen, wenn man die Dielen in einer einzigen Farbe beizt oder auf jeweils vorgezeichneten Flächen des Bodens mit Beize eine Art Teppichmuster, zum Beispiel Karos, anbringt. Ganz gleich, für welche Methode man sich entscheidet, die Dielen sollten in einem guten Zustand sein, bevor man sich ans Werk macht. Daher zahlt sich die Zeit und Energie, die man in die Vorbereitung steckt, in jedem Fall aus.

Das hier vorgestellte Streifenmuster in einer Kombination aus Tannengrün und Grautönen erzielt man, indem man Beize einfach mit einem Pinsel aufträgt. Farblose Lacke enthalten für gewöhnlich Harz (Lärchen- oder Kopalharz) oder Leinöl, das tief ins Holz eindringt und es wasserabweisend macht.

MATERIALIEN

Kordel
Meßband
Heftzwecken
Meterlineal
Bleistift
Teppichmesser
Kreppband
10 cm breiter Pinsel
Grüne Beize
Graue Beize
Klarlack

VORBEREITUNG

1 Wenn neue Dielen mit einem Muster versehen werden sollen, müssen sie vor dem Beizen oder Lackieren »alt« gemacht werden; dazu wird die Oberfläche mit einem Hammer aufgerauht, wodurch auch der Lack besser haftet.

2 Bei alten Dielen muß die eventuell vorhandene Farbe oder Beize restlos entfernt werden; dazu gegebenenfalls eine Bodenschleifmaschine verwenden, die man sich in Spezialgeschäften ausleihen kann. Lose Nägel mit dem Hammer festschlagen beziehungsweise einklopfen und Ritzen zwischen den einzelnen Dielen mit dünnen Stückchen des gleichen Holzes füllen.

ARBEITSSCHRITTE

1 Um das Streifenmuster akkurat vorzuzeichnen, beginnt man am besten in der Mitte des Raumes. Zur Feststellung des Mittelpunktes zieht man zwei Kordeln jeweils diagonal von einer Ecke des Raumes zur anderen und markiert die Stelle, wo sie sich kreuzen.

2 Die Streifen mit Kordel und Heftzwecken markieren. In dem hier vorgestellten Beispiel verlaufen die Streifen nicht längs der Dielen, sondern quer zu ihnen, wodurch sie eine markantere Wirkung haben.

3 Mit Bleistift und Meterlineal die Streifen entlang der Kordel vorzeichnen und die Linien mit einem Teppichmesser einschneiden. Auf diese Weise können die Beizen nicht ineinander verlaufen, und man bekommt einen sauberen Rand.

4 Entlang der markierten Linien Kreppband kleben, aber auf keinen Fall die eingeschnittenen Kerben überkleben.

5 Mit dem Pinsel die Beize in langsamen, gleichmäßigen Bewegungen dünn auftragen. Wenn man, wie in unserem Beispiel, einen helleren Ton für breitere Streifen möchte, die Beize mit Wasser verdünnen. Vor dem Auftragen des farblosen Lacks 24 Stunden trocknen lassen. Den Raum die ganze Zeit gut lüften.

FENSTER UND TÜREN

FENSTER UND TÜREN

OBEN: Hauchdünner Musselin, der an der Gardinenstange verknotet ist und so einen äußerst einfachen Querbehang (Volant) bildet, dämpft das Licht in diesem ganz in Weiß gehaltenen Raum.

RECHTS: Ein schlichtes Rouleau aus Drillich ist ein hübsches Accessoire für einen im skandinavischen Stil ausgestatteten Raum.

Fenster zählen zu den ausdrucksvollsten architektonischen Elementen, denn sie prägen durch ihre Form, Größe, Proportion und Position den Charakter eines Raumes. Der Gesetzgeber schreibt vor, daß alle »bewohnbaren« Räume ein Fenster haben müssen, womit sozusagen offiziell anerkannt wird, wie wichtig Licht und Belüftung für die Gesundheit sind. Doch neben diesen grundsätzlichen praktischen Erfordernissen sind Fenster ein natürlicher Blickfang, denn von Licht und Luft fühlen wir uns fast instinktiv angezogen. Die Fensteröffnung stellt die direkteste Verbindung zur Außenwelt dar, eine Verbindung, ohne die wir seltsamerweise nicht auskommen, denn ein fensterloser Raum hat etwas außerordentlich Beunruhigendes.

Fenster richtig zur Geltung zu bringen heißt jedoch nicht, sie mit Vorhängen und dergleichen zu drapieren. Wer das Fenster gleichsam zur Kleiderstange umfunktioniert, läßt zwei seiner Hauptaufgaben außer acht – seine Rolle als architektonisches Element und als Lichtspender.

Der natürliche Dekorationsstil will die ästhetischen und praktischen Merkmale, die Fenster so reizvoll machen, abrunden und nicht verdecken. Licht läßt sich so einsetzen, daß die schöne Struktur schlichter Stoffe besser zur Geltung kommt; die inhärente Einfachheit natürlicher Fenstergestaltungen steht nicht im Widerspruch zu dem, was Fenster zu bieten haben.

Türen und andere Raumöffnungen ziehen zwar nicht so viel Aufmerksamkeit auf sich wie Fenster, doch auch sie verdienen, daß man sich über sie ein paar Gedanken macht. In vielen Fällen genügt es vielleicht schon, die natürliche Maserung des Holzes mit Beize, Wachs oder Oberflächenmaterialien hervorzuheben. Doch Türen oder Raumteiler, die nicht zum Stil und Charakter der Inneneinrichtung passen, lassen sich mühelos auswechseln – eine einfache Veränderung, die überraschend wirkungsvoll sein kann.

Licht hereinlassen

Ein bemerkenswerter Aspekt in der Entwicklung der Innenarchitektur ist die veränderte Einstellung gegenüber natürlichem Licht. Im 18. Jahrhundert konnten die Menschen nicht genug Licht bekommen. Fenster waren so groß und so zahlreich, wie es die baulichen Möglichkeiten und das Budget erlaubten, und Fensterbehänge waren im Vergleich mit den sonstigen kunstvollen Einrichtungsgegenständen eines Hauses meist relativ schlicht. Hundert Jahre später herrschte die gegenteilige Auffassung vor; Fenster wurden nunmehr aufwendig mit schweren Stoffvorhängen geschmückt und verbreiteten das düstere Ambiente, das dem damaligen Modegeschmack entsprach. Doch gegen Ende des 19. Jahrhunderts fand ein erneuter Sinneswandel statt, und helle Räume wurden ganz allmählich wieder als angenehm empfunden.

Heute betrachten wir Licht als etwas Positives. Je sonniger der Tag und je heller der Raum, desto besser ist unsere Stimmung; im Gegensatz zu den Menschen des vorigen Jahrhunderts finden wir die Atmosphäre verdunkelter Räume eher bedrückend als von geheimnisvoller Spiritualität durchdrungen. Unsere positive Reaktion auf Licht rührt daher, daß wir Licht grundsätzlich mit Gesundheit und Wohlbefinden assoziieren; etwas prosaischer ausgedrückt: Wir müssen uns keine Gedanken mehr darüber machen, was Licht zutage fördern könnte. Aufgrund unserer modernen sauberen Stromversorgungs- und Heizsysteme gibt es keinen Schmutz mehr, den wir durch Dunkelheit verbergen müßten.

Wenn wir einfach nur den Wunsch hätten, möglichst viel Licht in unsere vier Wände zu lassen, wäre es am zweckmäßigsten, nichts vor die Fenster zu hängen. In manchen Fällen bietet sich diese Lösung geradezu an. Ausgesprochen schöne Fenster, die kunstvolle Details und eine interessante Form haben und die jeweiligen Räume und die Menschen darin nicht neugierigen Blicken aussetzen oder eine häßliche Aussicht bieten, kann man durchaus für sich selbst sprechen lassen.

In der Regel ist jedoch irgendeine Form von Fensterbehang erforderlich, zumindest für einen Teil des Tages. Leider sind nur wenige Wohnungen oder Häuser so

wunderschön gelegen, daß man von ihren Fenstern aus einen herrlichen Ausblick auf unberührte Natur hat. Meistens ist die Aussicht sehr viel alltäglicher, mitunter sogar regelrecht unerfreulich. Doch wenn schon der Wunsch, einen unschönen Blick nach draußen zu verhüllen, als zwingender Grund gilt, etwas vor ein Fenster zu hängen, so ist es erst recht das Bedürfnis nach Privatsphäre – ein unverhülltes Fenster löst bei vielen Menschen nachts ein Gefühl von Unsicherheit aus.

Dennoch kann auch ein unverhangenes Fenster ein gewisses Maß an Privatsphäre schaffen, wenn man statt einer durchsichtigen Glasscheibe eine opake verwendet. Der Fachhandel bietet verschiedene Sorten von Struktur- und Gußglas an, dessen strukturierte Oberfläche die klare Durchsicht verhindert, aber dennoch lichtdurchlässig ist; die billigeren Fabrikate sind allerdings manchmal ausgesprochen unansehnlich. Mit Sandstrahl behandeltes Glas dagegen garantiert den nötigen Sichtschutz und sieht außerdem sehr viel besser aus. Es hat einen hübschen blassen, weißlichen, manchmal auch grünlichweißen, durchscheinenden Ton, der sich besonders gut in Badezimmern macht. Das Sandstrahlverfahren wird auch angewandt, um in ein und derselben Glasscheibe durchsichtige und matte Bereiche zu schaffen. Auf diese Weise erreicht man zwei Dinge auf einmal: Privatsphäre durch das matte Glas, einen Blick nach draußen durch ein »Guckloch« aus klarem Glas. Eine weitere Möglichkeit besteht darin, klare Scheiben durch geätztes Glas oder verbleite Buntglasscheiben zu ersetzen. Dadurch werden zwar die Blicke von und nach draußen nicht völlig versperrt, doch die veränderte Farbe und Lichtqualität erzeugen eine angenehme Wirkung.

Das Licht läßt sich auch durch Stoffe mit speziellen Mustern positiv beeinflussen. Mit einem Stoff in einem bestimmten Stil oder Schnitt, wodurch das Licht gestreut, gefiltert oder sonstwie verändert wird, können so lebendige und abwechslungsreiche Lichteffekte entstehen, wie wir sie draußen bei Tageslicht erleben. Im Freien ist das Licht selten statisch und einförmig; Licht wird durch Bäume und

LINKS: Einen Vorhang mit Pfiff kann man leicht selbst machen, wenn man auf einen einfachen Stoff Muscheln, Glasperlen oder ausgeschnittene Formen näht. Auf zarten Musselin genähte kleine Muscheln heben sich im Gegenlicht als Silhouette ab.

OBEN: Ein Baumwollaken, in das Löcher gestanzt sind, ist eine unkomplizierte und dennoch originell und überraschend wirkende Dekoration für eine Terrassen- oder Balkontür.

Ganz oben und oben: *Durchscheinendes Licht läßt die schlichte Struktur des Fenstervorhangs aus Naturleinen erkennen und bringt die zarte Spitze der Voilegardine aus feiner Baumwolle wunderschön zur Geltung.*

Rechts: *Fröhlich karierte Vorhänge aus Gingham sorgen im Badezimmer für lebendige Frische.*

Blattwerk abgeschattet, durch Wolken beeinflußt, und es verändert ständig seine Intensität. Licht, das durch Jalousien gebrochen oder durch Leinen oder feinen Musselin gestreut wird, erinnert mit seinen faszinierenden Effekten an das Wechselspiel des Tageslichts im Freien.

Stoffe

Stoffe aus Naturfasern gibt es mit ganz unterschiedlichen Gewebearten, Gewichten und Appreturen, von weichem dicht gewebtem Leinen bis zu fast durchsichtigem locker gewebtem Musselin. Baumwoll- und Leinenstoffe sind seit Jahrhunderten Hauptbestandteile der Innendekoration und zeichnen sich durch eine ungeheure Vielfalt aus; in den letzten Jahren ist die Palette an natürlichen Materialien durch Stoffe, in die Hanf und Raffiabast eingearbeitet sind, zusätzlich erweitert worden.

Wie bei anderen Materialien kann der Begriff »natürlich« auch in diesem Zusammenhang irreführend sein. Zwar läßt sich anhand des Etiketts leicht feststellen, ob ein Stoff synthetische Fasern enthält, doch selbst wenn dem nicht so ist, bedeutet das nicht zwangsläufig, daß es sich um ein reines Naturprodukt handelt. Baumwollpflanzen werden häufig mit Pestiziden besprüht, die Fasern werden möglicherweise vor dem chemischen Einfärben chlorgebleicht, Stoffe werden appretiert, um sie feuersicherer zu machen, oder mit anderen Chemikalien behandelt. Ungebleichte oder mit natürlichen Farbstoffen gefärbte Stoffe garantieren zumindest eine minimale Beeinträchtigung der Grundfaser und eine geringe Umweltbelastung.

Leinen, das traditionellerweise im Haushalt für Bettwäsche und Tischtücher verwendet wird, ist inzwischen auch als Dekorationsstoff beliebt. Wie Baumwolle wird es aus einer nachwachsenden Pflanze gewonnen, in diesem Fall Flachs, doch anders als bei der Baumwolle werden beim Flachsanbau keine große Mengen Pestizide eingesetzt. Die Herstellung von Leinenfasern verursacht nur wenig Umweltverschmutzung und kaum Abfall.

Leinen hat noch viele andere Vorzüge, so nicht zuletzt seine Festigkeit, die sogar

Ganz oben und oben: Jutequasten kann man ganz einfach an eine schmiedeeiserne Stange knoten; ebenso dekorativ ist ein Ast als Stange, an den man Kordel, Seil und Bast bindet.

Rechts: Kobaltblaue Vorhänge, die bis zum Fenstersims reichen und mit einer Schnur zurückgebunden sind, ergänzen die gemütliche Atmosphäre des im Marinelook gestalteten Wohnzimmers.

noch größer ist, wenn die Fasern naß sind. Es läßt sich sehr gut waschen und tragen und ist außerordentlich langlebig. Darüber hinaus fühlt es sich angenehm kühl an und nimmt Feuchtigkeit auf, weshalb es gern direkt auf der Haut getragen wird. Leinen gibt es in vielerlei Webarten, von grob bis seidig, es ist fest und ausgeprägt strukturiert und ein hervorragender Dekorationsstoff. Ungebleichtes Leinen ist bräunlichweiß, doch auch in erdigeren Farben kommt sein wesentlicher Charakter vorteilhaft zur Geltung. Leinen muß nicht gefüttert werden, wenn man aus ihm leichte Rouleaus oder schlichte, elegante Vorhänge machen will, die das Licht zwar filtern, aber nicht völlig ausschließen; ein Futterstoff ist dann sinnvoll, wenn man einen dichteren Lichtschutz möchte.

Baumwolle ist von allen Dekorationsmaterialien am vielseitigsten verwendbar. Seine weiche, starke, strapazierfähige Faser ist Grundbestandteil einer Fülle von schlichten Stoffen wie Kaliko, Voile, Drillich oder Segeltuch, die zum Teil gar nicht teuer sind, so daß sie selbst in größeren Mengen erschwinglich sind. Musselin wird seit Jahrhunderten verwendet, um in einem Raum diffuses Licht zu erzeugen; eine über eine Stange geworfene Musselinbahn ist wohl einer der billigsten und einfachsten Fenstervorhänge. Die steiferen Baumwollstoffe, wie beispielsweise Matratzendrillich oder Segeltuch, durch die sich Licht wirkungsvoller abhalten läßt, sind ebenso preiswert und lassen sich sehr gut hängen.

Baumwolle hat unter anderem den großen Vorteil, daß sie gut zu färben ist. In Einrichtungshäusern bekommt man Baumwolle in allen Farben, doch wer intensive, kräftige Farben möchte, ist mit den satten Tönen, wie sie natürliche Farbstoffe erzeugen, besser bedient. Aus Indigo, Krapp, Kurkuma und anderen Pflanzen werden Farbstoffe gewonnen, die eine Palette von zarten bis grellen Schattierungen hervorbringen.

Seide ist die luxuriöseste Naturfaser und wirkt elegant und kultiviert zugleich. Seide, die aus dem Kokon der Seidenraupe gewonnen wird, gibt es mit unterschiedlichem Gewicht und zahlreichen Texturen, von federleichtem Chiffon bis grobem Shantung. Shantung sieht vor einem Fenster prachtvoll aus, ist aber teuer.

Hessian (Juteleinen), am entgegengesetzten Ende des Spektrums an Naturfaserstoffen, ist ein grober, locker gewebter Stoff, der aus Jute oder einer Jute-Hanf-Mischung hergestellt wird. Obwohl Hessian bei der Wohnraumgestaltung in erster Linie als praktische Wandverkleidung beliebt ist, ist es auch ein gutes Material für einfache Rouleaus und Vorhänge.

Für unkonventionelle und sogar schnell angefertigte Fenstervorhänge kann man auch Materialien verwenden, die gemeinhin nicht für Dekorationszwecke gedacht sind: Tagesdecken aus Madras-Baumwolle, leichte Steppdecken, bedruckte Baumwollstoffe oder Seidensaris, Segeltuch, Malerleinwand und Kleiderstoffe – sie alle gewinnen als Fenstervorhang einen ganz neuen Charakter.

Bearbeitungsarten

Stoffvorhänge und -rouleaus sind aus vielerlei Gründen die naheliegendste Form der Fensterdekoration. Zwar spielt hier auch die Konvention eine Rolle, doch Stoff hat darüber hinaus sowohl ästhetische als auch praktische Vorteile. Er ist leicht und problemlos zu handhaben, kann in weichen Falten hängen und so die Fensteröffnung harmonisch abrunden und umrahmen. Wenn kein dickes Futter verwendet wurde, ist Stoff normalerweise immer etwas lichtdurchlässig und läßt sich einfach reinigen oder erneuern.

Vorhänge werden gewöhnlich mit Faltenbändern versehen, durch die sich der Stoff kräuseln oder in Falten ziehen läßt; außerdem werden daran die Haken und Ringe befestigt, an denen die Vorhänge von einer Schiene oder Stange hängen. Die diversen Faltentechniken reichen von einfachen, lockeren Kräuselungen bis hin zu steifen, engen Plissees. Wer sich für eine der konventionelleren Methoden entscheidet, sollte darauf achten, daß das Gewicht des Stoffes für die Faltentechnik geeignet ist. Bei einem leichten Material sehen lockere Kräuselungen meist besser

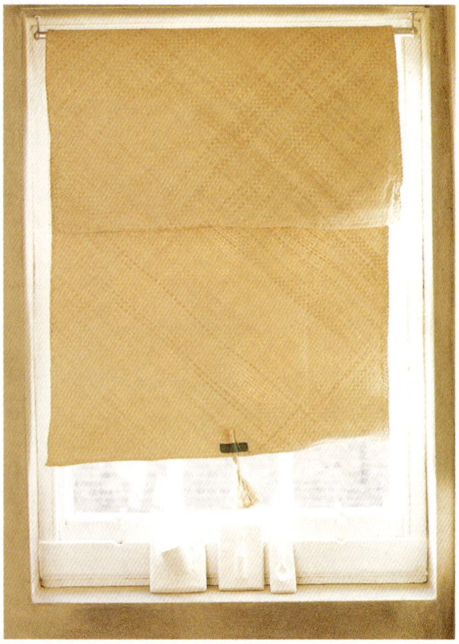

aus; dicke und schwere Stoffe benötigen eher einen präzisen Plisseestil.

Bei der Verwendung von Naturfaserstoffen und Naturfarben ist die einfachste Methode häufig die beste. Vorhangoberkanten oder Befestigungsvorrichtungen müssen nicht unbedingt verdeckt werden; eine einfache, unregelmäßige Wirkung paßt zum Material und zur übrigen Raumgestaltung.

Wer es unkonventioneller liebt, kann Vorhänge einfach mit Bändern, Schlaufen, Haken oder Schleifen an einer Metall- oder Holzstange befestigen, wodurch die Art der Befestigung zum auffälligen Gestaltungsmerkmal wird. Auf die Oberkante der Vorhänge genähte schmale Stoffstreifen oder Bänder kann man direkt an der Stange festbinden; eine weitere Möglichkeit sind Stoffschlaufen, die über die Stange gleiten. Solche Vorhänge bietet der Handel auch bereits vorgefertigt aus Naturfaserstoffen wie Köper oder Drillich an. Leichtere Materialien kann man mit einer Futteralkante versehen und über die Stange ziehen. Mit speziellen Klammern läßt sich Stoff ohne Nähen direkt an der Stange befestigen – eine ideale Methode für Saris oder Stoffe mit Stickereien, die man nicht zerschneiden möchte.

Vorhänge oder Fensterdekorationen aus steifem Material wie Leinwand oder Segeltuch lassen sich wie Segel »anschlagen«, daß heißt, das Material wird mit Hilfe von durch Ösen gefädelten Schnüren

an einer Metall- oder Holzstange befestigt. In Fachgeschäften für Schiffs- und Jachtbedarf bekommt man allerlei Sorten Seile, Rollen und sogenannte Klampen zum Festmachen von Tauen, die sich zur Gestaltung eines »Marinelooks« zweckentfremden lassen.

Holzstangen kann man lackieren, lasieren, wachsen oder beizen; Metallstangen sind in einer breitgefächerten Auswahl erhältlich, von schnörkeligem Schmiedeeisen bis zu poliertem Messing. Bei der Aufhängung sind der Phantasie keine Grenzen gesetzt. So eignen sich beispielsweise auch Bambusstangen, Gerüstrohre, Stahlseile und sogar verwittertes Treibholz. Wichtig ist nur, daß das gewählte Material das Gewicht des Stoffes trägt.

Eine schlichte Dekoration erhält man, wenn man ein großes Stück Stoff einfach über eine Stange hängt und zu lockeren Falten arrangiert. Dazu eignen sich leichte, lichtdurchlässige Stoffe wie Musselin.

Rouleaus eignen sich besonders in solchen Räumen, wo lange Vorhänge störend oder sogar gefährlich sein können, zum Beispiel in Küchen. Ausgesprochen praktisch sind Stoffrouleaus, die mit langen Schnüren versehen sind und sich beim Hochziehen wie eine Markise aufrollen. Ungebleichtes Leinen paßt ausgezeichnet zu dieser Rouleauart; etwas flotter wirkt

Ganz links: Rouleaus lassen sich mit wenig Aufwand aus einer Vielzahl von Materialien und Zubehörteilen selbst anfertigen. Ein Stück Mattengeflecht über eine dünne Metallstange gelegt und mit ein paar kleinen Raffiabastquasten dekoriert, und fertig ist das Rouleau.

Links: Für eine Fensterdekoration ist Stoff nicht in jedem Fall das beste Material. Dieser massive Fensterladen betont die architektonische Qualität des kleinen Nischenfensters eines Landhauses.

Rechts: Dieses aufrollbare Stoffrouleau hebt sich elegant von der Holztäfelung des Raumes ab. Der farblich kontrastierende Futterstoff verleiht der schlichten Dekoration eine reizvolle graphische Wirkung.

OBEN: Innentüren können den architektonischen Charakter eines Raumes zusätzlich zur Geltung bringen. Die mit einem durchbrochenen Rautenmuster verzierten Paneelentüren des Wandschranks erzeugen in diesem Schlafzimmer ein maurisches Flair.

RECHTS: Diese Fensterläden aus einfachen Brettern wirken durch die markanten ausgesägten Pfeilspitzenformen äußerst lebendig und muten indianisch an.

gestreifter Drillich. Spring- oder Faltrouleaus sehen mit ungebleichten Naturfaserstoffen ebenfalls gut aus.

Der Handel bietet Rouleaus auch in zahlreichen anderen Materialien an, die dem natürlichen Stil entsprechen. Eine flexible Lichtregulierung ermöglichen Holzjalousien, die in einer großen Farbpalette erhältlich sind. Das durch die halbgeöffneten Lamellen schräg einfallende Licht erzeugt eine stimmungsvolle Atmosphäre. Rouleaus aus gewebtem Gras oder gespaltenem Rohr schaffen ein tropisches Ambiente und sind sehr preiswert; Rouleaus aus plissiertem Papier sind noch billiger. Einen robusteren Schutz bieten klappbare Holzfensterläden, die entweder massiv oder mit Lamellen versehen sind.

Schmückende Details

Unter natürlichem Wohnen wird zumeist eine Ästhetik verstanden, deren Charakter und optischer Reiz sich in der Qualität der Grundmaterialien manifestieren. Das heißt jedoch nicht, daß Verzierungen und kleine Accessoires ausgeschlossen sind. Eine Fensterdekoration aus schlichten Vorhängen in gedämpften Naturtönen erhält durch Fransen, Raffhalter, Kordeln und Quasten eine zusätzliche Note.

Dekorative Accessoires sind in einer Vielzahl von natürlichen Materialien erhältlich. Quasten und Raffhalter aus Raffiabast, Fransen aus Jute, Leinen, Raffiabast oder sogar Roßhaar, Raffhalter aus gefaltetem Papier und Strohbüscheln sind kein Widerspruch zum natürlichen Stil, sondern sorgen zusätzlich für eine interessante Struktur. Muscheln und Seesterne sind eine schöne Alternative zu den herkömmlichen Endköpfen von Gardinenstangen, oder man näht kleine Muscheln beliebig verstreut auf den Stoff oder ziert mit ihnen den Rand.

Türen

Eingänge haben eine ganz besondere Bedeutung. Türen, durch die wir die Schwelle überschreiten, von draußen nach drinnen, von der Diele in den Wohnbereich, verdienen bei der Innenraumgestaltung mehr als nur eine flüchtige Beachtung. Charakter, Gestaltung und Oberflächenbehandlung einer Tür künden beredt von dem Raum, in den sie führt, weshalb geschmacklose Türen und Türbeschläge vermieden werden sollten.

Billige, moderne Leichtbautüren sollte man, wenn irgend möglich, austauschen. Eine Tür sollte ein Gefühl von Sicherheit vermitteln und sich strukturell in ihre Umgebung einpassen; bei Türen, die diese Voraussetzungen nicht erfüllen, helfen weder Oberflächenbehandlungen noch

dekorative Elemente, um dieses Manko zu beheben. Alte Holztüren mit Füllungen bekommt man eventuell bei Recyclingfirmen für Baumaterialien, und es dürfte kein Problem sein, Türen zu finden, die zum ursprünglichen Stil eines Hauses passen, das lieblos umgebaut worden ist. Es gibt auch neue Holztüren, die in traditionellen Stilen hergestellt werden. Lattentüren, wie man sie von Ställen und Bauernhäusern kennt, haben eine grobe Schlichtheit, die gut zu einer rustikalen Umgebung paßt.

Türen mit Glaseinsatz lassen Licht in den Raum und schaffen ein offenes Ambiente. Darüber hinaus lösen sie eine bestimmte Erwartungshaltung aus und verleihen einem Eingang zusätzliche Attraktivität. Kleine Scheiben aus Buntglas oder geätztem Glas sind ein schönes Element vieler stilvoller alter Türen. Die von dem Architekten Charles Rennie Mackintosh entworfenen Türen haben als besondere Note häufig kleine, mit abstrakten Naturmotiven dekorierte Bleiglasscheiben oder schlichte Quadrate, die gitterartig arrangiert sind.

Alte Türen renoviert man meist, indem man alle Lack- und Lasurschichten entfernt und das Holz ohne deckende Anstriche beläßt. Bei dieser Methode ist es nicht erforderlich, die Oberfläche mit synthetischen Produkten zu lasieren oder zu versiegeln; zur Pflege und zum Schutz des Holzes genügt es, Bienenwachs oder Leinöl gut in die Maserung einzureiben. Wie viele andere Holzprodukte für den Innenraum bestehen Türen zumeist aus Weichholz, beispielsweise Kiefernholz, das traditionellerweise als nicht schön genug gilt, um naturbelassen zu bleiben. Für denjenigen, der kein blankes Holz mag, sind im Handel etliche Oberflächenmaterialien erhältlich, die zwar den »Holzcharakter« bewahren, aber dennoch den Effekt von rohem Kiefernholz abmildern. So kann man mit einem Bleichmittel den leichten Orangeton des Holzes aufhellen, wodurch es etwas abgenutzter erscheint. Holzbeizen und farbige Holzlasuren verändern den Grundton, verdecken aber nicht die Maserung. Anstrichtechniken wie Granieren, Maserieren, Kämmen oder Krakelieren erzeugen reizvolle Texturen und sichtbar imitierte Oberflächen.

Die Beschläge sind das A und O einer dekorativen Tür. Die Designer der Arts-and-Crafts-Bewegung verwendeten breite Eisenangeln und -scharniere sowie handgearbeitete Riegel und Klinken, um eine konsequente Gestaltung zu erreichen. Diese Elemente wirken besonders eindrucksvoll an massiven Eichen- oder rustikalen Brettertüren; passende stilechte Türgriffe und Beschläge findet man manchmal bei Recyclingunternehmen.

LINKS: Der diskrete Charme von geätztem Glas greift die kunstvollen architektonischen Details dieses Eingangsbereichs auf. Verglaste Türen lassen genügend Licht hinein.

OBEN: Die rustikale Tür aus abgebeiztem Kiefernholz verleiht diesem modern eingerichteten Raum eine urwüchsige Note.

Eine traditionelle zurückhaltende Wirkung erzeugt man mit weißem Porzellan.

Nicht immer ist eine Tür die beste Lösung für einen Eingang. Um die Unterbrechung von Raum, Licht und Sicht, wie eine Tür sie mit sich bringt, zu vermeiden, kann man sie einfach entfernen. Auch der hölzerne Türrahmen, ein sichtbares Zeichen dafür, daß sich dort einmal eine Tür befand, läßt sich entfernen; die rohen Seiten kann man einheitlich mit der Wand verputzen und passend streichen oder farblich hervorheben. Doch auch ein Eingang ohne Tür ist und bleibt ein Eingang, und wer auf seine Bedeutung hinweisen möchte, kann den Türrahmen belassen oder durch eine dekorative Einfassung betonen, beispielsweise aus Steinen, die in nassen Gipsputz gedrückt werden, oder durch eine schablonierte Umrandung.

In traditionellen japanischen Häusern werden Türöffnungen gern mit Schwingvorhängen aus Bambusperlen oder einem kurzen, in Streifen geschnittenen, fahnenähnlichen Stück Stoff verhängt, so daß man ungehindert hindurchgehen und die Luft frei zirkulieren kann. Solche Maßnahmen haben den Vorteil, daß sie den Luftzug brechen und gleichzeitig licht- und luftdurchlässig sind. Wer keine Mühe scheut, kann sich einen Perlenvorhang selbst anfertigen oder er kann einen Vorhang im japanischen Stil aus Bambus- und Holzperlen anbringen; natürlich ist es auch möglich, eine Türöffnung mit den gleichen Vorhängen zu verhängen, die für Fenster geeignet sind. Bei einem Türvorhang ist es wichtig, daß er leicht zu öffnen ist. Stoff kann man an Holz- oder Metallringen aufhängen, die über eine Stange gleiten. Für leichtes Material reicht es meist, die Futteralkante direkt über die Stange zu ziehen. Stoffbänder, Schlaufen oder eine mit Ösen versehene Oberkante eignen sich ebenfalls gut zum Aufhängen. In einem modernen Wohnraum läßt sich auch eine weitere japanische Lösung verwenden: eine Holzschiebewand mit Glas- oder Papierfüllung, die in die ganze Öffnung eingepaßt wird.

Oben: Eine Tür muß nicht auf beiden Seiten in der gleichen Farbe gestrichen oder mit dem gleichen Oberflächenmaterial behandelt sein. Das tiefe Azurblau auf der Innenfläche dieser getäfelten Tür setzt am Eingang zur Küche einen starken Farbakzent.

Links: Die verwitterte Oberfläche dieser Hintertür, an der noch Reste alter Farbe haften, paßt gut zu den Küchenschränken.

Rechts: Durch die in Blau hervorgehobenen Füllungen wirkt diese Tür noch wuchtiger. Eine der Füllungen ist durch eine Glasscheibe ersetzt, durch die man einen neugierigen Blick von der Diele ins Wohnzimmer werfen kann.

OBEN: Die mit Brettern in zarten Naturtönen verkleidete Eingangstür ergänzt die Holzdecke der Diele auf gelungene Weise. Kräftigere Schattierungen wären zu aufdringlich gewesen. So ergibt sich jedoch ein Gefühl von Rhythmus und Harmonie, das die große Tür weniger wuchtig erscheinen läßt.

RECHTS: Ein Kleiderschrank mit Pfiff – überlappende Rouleaus aus Peddigrohr verdecken raffiniert den Stauraum, den eine hübsch geschwungene Sperrholzumrahmung ziert.

ROULEAU AUS MARKISENSTOFF

Dieses einfache Rouleau paßt praktisch in jeden Raum. Für ein Schlafzimmer nimmt man am besten locker gewebten Musselin oder Kaliko, für die Küche Gingham oder Geschirrtuchleinen, für ein helles Wohn- oder Kinderzimmer Segeltuch. Das Rouleau ist so einfach herzustellen und so preiswert, daß man in jeder Jahreszeit für Abwechslung sorgen kann – und außerdem ist es leicht abzunehmen und auszutauschen. Ein festes, schlichtes Material eignet sich sowohl für gefütterte als auch für ungefütterte Rouleaus.

MATERIALIEN

Markisenstoff
Nähgarn
Stift
Metallösen und Hammer
Juteschnur (dick und dünn)
2 U-förmige Gardinenstangenhalterungen (3 bei einem sehr breiten Fenster)
Holzstange, 3,75 cm Durchmesser
2 Wandhalter zum Arretieren der Schnüre, Schrauben
Dicke Polsternadel oder Leim

VORBEREITUNG

Die Breite des Fensters messen und den Stoff passend zuschneiden; am oberen und unteren Rand 5 Zentimeter, auf den beiden Längsseiten 1,25 Zentimeter für den Saum hinzurechnen.

ARBEITSSCHRITTE

1 Auf der linken Seite des Stoffes an den beiden Längsseiten einen Rand einschlagen. Mit der Nähmaschine einen 1,25 Zentimeter breiten Saum nähen; zur Verstärkung die Kanten absteppen. Die obere und untere Stoffkante einschlagen und je einen 5 Zentimeter breiten Saum nähen.

2 In 2,5 Zentimeter Abstand vom rechten und linken Rand der Oberkante des Rouleaus mit einem Stift die Position der ersten Ösen einzeichnen. Die restliche Breite des Stoffs zwischen den beiden äußeren Ösen so aufteilen, daß die übrigen Ösen einen regelmäßigen Abstand von etwa 12,5 Zentimetern haben. Die Ösen nach Anleitung an den markierten Stellen anbringen; mit einem Hammer festschlagen.

3 Ein ausreichend langes Stück dicke Juteschnur (ungefähr 3 Meter) im Zickzack jeweils durch die Ösen und über die Rouleaustange fädeln und an den Wandhaltern befestigen. Mit einem Stift die Position der Stangenhalterungen und Wandhalter anzeichnen. Das Rouleau von der Stange nehmen und Stangenhalterungen, Stange und Wandhalter an Ort und Stelle anbringen.

Das Rouleau in der Mitte horizontal falten, so daß Ober- und Unterkante übereinanderliegen, und dann die Position der Ösen auf den unteren Rand des Rouleaus für die Position der Jutequasten übertragen. Für die Quasten etwa 16 Stücke dünne Juteschnur von je 20 Zentimeter Länge mit einem längeren Stück derselben Schnur zusammenbinden und festknoten.

Die Quasten mit Leim auf das Rouleau kleben oder besser mit einem kurzen Stück Schnur und einer dicken Polsternadel annähen.

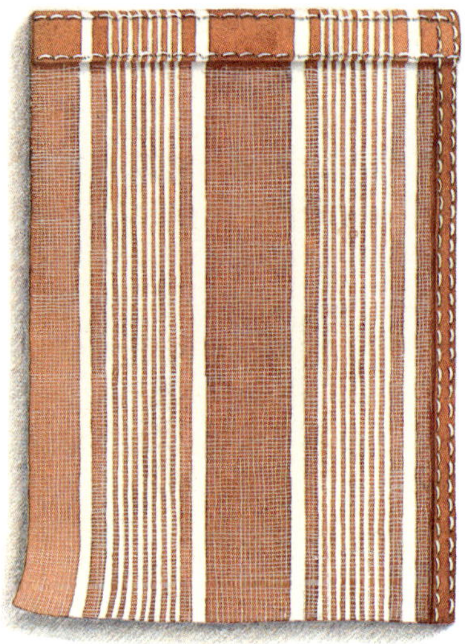

1

2

4 Soll das Rouleau tagsüber hochgezogen werden, faltet oder rollt man es bis zur gewünschten Höhe auf, zieht die Schnur auf beiden Seiten der Stange über das gefaltete beziehungsweise aufgerollte Rouleau und bindet sie wieder an den Wandhalterungen fest. Man kann auch zwei separate Schnüre zum Aufhängen des Rouleaus verwenden.

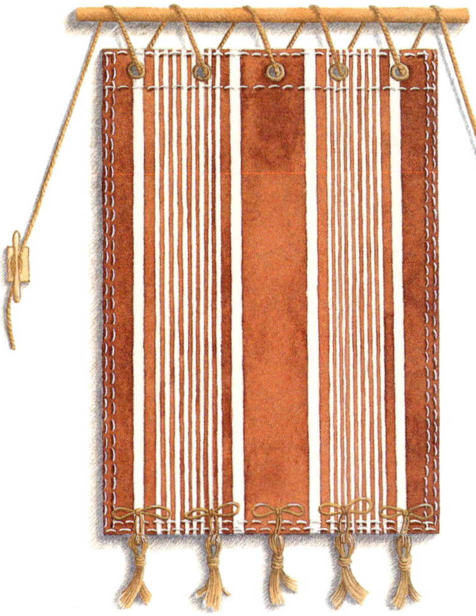

3

4

VORHÄNGE MIT SCHLEIFEN

Bei diesen schlichten, legeren Vorhängen kommt man ohne komplizierte Befestigungsvorrichtungen und Gardinenschiene aus. Sie werden einfach mit zum Vorhang passenden Schleifen an einer Metall-, Holz- oder Chromstange aufgehängt und machen jedes häßliche Fenster in wenigen Stunden zu einem Schmuckstück. Die neutralen Farben und natürlichen Gewebe von Kaliko, sanforisiertem Hessian, Drillich oder Gingham sind für diese Dekorationsart ideal. Auch mit Bändern aufgehängter Musselin hat eine elegante, transparente Wirkung.

Statt der heute schon klassischen Metallstange kann man auch einen Holzstab oder einen knorrigen, vom Baum gefallenen Ast nehmen. Die Vorhänge selbst lassen sich mit Schleifen in Kontrastfarben verschönern; ein Saum in kräftigen Farben sorgt ebenfalls für eine markante Einfassung. Als Schlaufen eignen sich sowohl schmale Bänder als auch breite Schleifen, je nach gewünschtem Effekt. Die Größe sollte zur Form des Fensters und den Proportionen des Raumes passen. Damit der Stoff zwischen den Schlaufen nicht durchhängt, sollte man steifes Faltenband nehmen und die Abstände der Schlaufen möglichst kurz halten.

MATERIALIEN

Mittelschwerer Kaliko oder Baumwollstoff
Stecknadeln
Nähgarn
Bleistift
Metall- oder Holzstange und 2 Wandhalterungen (wenn die Stange länger als 180 cm ist oder bei Verwendung eines schweren Vorhangstoffes zusätzliche Halterungen)
Vlieselinestreifen, Kaliko oder Buckram

VORBEREITUNG

Für die Berechnung der Vorhangstangenlänge die Gesamtbreite des Vorhangs zuzüglich 10 bis 15 Zentimeter für die Zierkappen messen. Jeder Vorhang muß 1⅓ mal so breit wie die Stange sein: Für eine 180 Zentimeter lange Stange braucht man zwei Vorhänge von je 240 Zentimeter

1

2

Breite. Die Länge der Stoffschlaufen berechnet man, indem man die Stange an Ort und Stelle anbringt (oder festhält) und mißt, wie tief die einzelnen Schlaufen reichen sollen. Zwischen Vorhang und Fensterrahmen sollte wenig oder kein Tageslicht zu sehen sein.

ARBEITSSCHRITTE

1 Auf der linken Seite des Stoffes an beiden Längsseiten einen 2,5 Zentimeter breiten Saum einschlagen, feststecken und mit der Nähmaschine nähen. An der Unterkante einen Saum von 7,5 Zentimetern einschlagen und ebenfalls mit der Maschine nähen.

3

4

2 Die Schlaufen sollten zueinander einen Abstand von knapp 20 Zentimetern haben und – je nach Stangenlänge – 2,5 bis 3,25 Zentimeter breit sein. Mit einem Bleistift die Position der beiden äußeren Schlaufen anzeichnen; anschließend das Stück zwischen den beiden Schlaufen in gleichmäßige Abschnitte aufteilen und wieder mit dem Bleistift auf dem Stoff markieren, wo die Schlaufen angebracht werden sollen.

3 Für die Schlaufen die erforderliche Länge und Breite zuzüglich 1,2 Zentimeter Nahtzugabe rundherum ausmessen. Den Stoff mit der rechten Seite nach unten legen und die Ränder zu einem Schlauch umschlagen, so daß sie sich in der Mitte überlappen. Feststecken, dann mit der Nähmaschine durch beide Stofflagen nähen. Die Oberseite nach außen drehen. Bei allen Schlaufen so verfahren.

Den Vorhang mit der rechten Seite nach unten legen und die Schlaufen jeweils mit einem Ende auf die markierten Stellen legen. Das andere Schlaufenende bogenförmig umschlagen und etwa 1,2 Zentimeter unterhalb der Oberkante des Vorhangs feststecken.

4 Einen Vlieseline- oder Kalikostreifen auf Vorhangbreite zurechtschneiden; bei Kaliko rundherum etwa 0,5 Zentimeter für den Saum zugeben (bei Vlieseline nur an den Enden, bei Buckram keine Saumzugabe). Die Ränder einschlagen und den Verstärkungsstreifen so feststecken, daß die Schlaufen zwischen dem Stoffstreifen und dem Vorhangstoff 1,2 Zentimeter tief sitzen. Mit der Nähmaschine den Streifen an seiner Ober- und Unterkante an den Vorhang nähen, so daß die Schlaufen gleichzeitig mit befestigt werden.

Für die Schleifen einen etwa 1,2 mal 75 Zentimeter großen Streifen Stoff abmessen; etwa 0,5 Zentimeter für die Naht zugeben. Mit der Nähmaschine die Längskanten zusammennähen (rechte Seiten nach innen), dann Oberseite nach außen kehren, indem ein Ende durch den Schlauch gezogen wird.

TÜRVERSCHÖNERUNGEN

Der warme Farbton von abgebeizten und oberflächenbehandelten Holztüren ist eine Wohltat für das Auge und bereitet sanft auf einen Raum vor. Solchermaßen behandelte Türen harmonieren sowohl mit neutralen als auch mit kräftigen Farben und sind mitunter der Blickfang einer Wanddekoration. Mit Hilfe der folgenden Oberflächenbehandlungen läßt sich das Holz von Fußböden, Wandverkleidungen und Fußleisten sowohl schützen als auch schön zur Geltung bringen. Naturbeizen verändern die Farbe von neuem, rohem Kiefernholz oder von altem Holz, das von Farbanstrichen befreit wurde, indem sie die natürliche Tönung des Holzes abdunkeln oder ihm eine völlig neue Farbe verleihen.

OBEN: Häufig auftretende Schönheitsfehler, wie rissige, ungleichmäßige Kanten oder doppelte Schlüssellöcher, sollten nicht behoben werden. Sie verleihen einer alten Tür zusätzlichen Charme, besonders wenn diese gewachst und kräftig aufpoliert wurde.

BIENENWACHS

Wenn man alte Türen von mehreren Farbschichten befreit und zur Betonung der Maserung abgeschliffen hat, müssen sie zur Pflege und zum Schutz lediglich großzügig mit Bienenwachs behandelt werden. Bienenwachs wird bei unversiegeltem Holz eingesetzt und macht die Oberfläche wasserabweisend. Es eignet sich auch zur Behandlung von abgeschliffenen Holzböden.

MATERIALIEN

Feines Schleifpapier
2 weiche Lappen,
  einen zum Auftragen der Politur,
  einen zum Aufpolieren
Holzfüllmasse;
  0,5 l reichen für 5 m^2
Bienenwachspolitur;
  0,5 l reichen für 25 m^2

VORBEREITUNG

Bei alten Türen muß die Farbe vollständig entfernt werden. Wenn man dafür keinen Fachmann beauftragt, der das Abbeizen im Tauchbecken vornimmt, kann man die Farbe abflammen und die Oberfläche anschließend mit grobem Schleifpapier gründlich anschleifen. Große Risse oder Löcher mit Holzfüllmasse schließen, kleinere Oberflächenfehler aber im großen und ganzen unbehandelt lassen.

ARBEITSSCHRITTE

1 Nach dem Ablösen der Farbe die Tür mit feinem Schleifpapier abschleifen.

2 Mit einem weichen Lappen die gesamte Tür kräftig mit Bienenwachspolitur einreiben; je mehr man aufträgt und je kräftiger man reibt, desto schöner wird die Oberfläche. Die Tür mehrere Stunden ruhen lassen, damit die Politur in das Holz einziehen kann.

3 Eine kleine Fläche der Tür mit einem weichen, sauberen Lappen aufpolieren. Überprüfen, ob genug Politur aufgetragen wurde, um die natürliche Maserung des Holzes hervorzuheben und einen reinen Honigton zu erzeugen. Anschließend die gesamte Tür mit demselben Lappen aufpolieren.

ANTIKISIEREN DURCH KRAKELIEREN

Durch Krakelieren mit sogenanntem Reißlack läßt sich eine neue Tür ausgezeichnet mit einer »Patina« versehen. Der Lack ist einfach aufzutragen und bildet nach dem Versiegeln eine dauerhafte Oberfläche, die alt und verblichen wirkt. Der Reißlack selbst sollte stets zwischen zwei Schichten wasserlöslicher Dispersionslackfarbe aufgetragen werden. Bei dieser Methode bilden sich in der Zwischenschicht kleine Risse, wodurch der Eindruck entsteht, es handle sich um alternde, abblätternde Farbe. Am Schluß, wenn alle drei Lackschichten aufgetragen sind, versiegelt man die Oberfläche zum Schutz am besten mit einem Klarlack.

MATERIALIEN

Ockerfarbener, wasserverdünnbarer Dispersionslack (Latexfarbe); 2,5 l reichen für 25 m²
5 cm breiter Pinsel
Feines Schleifpapier
Weicher Lappen zum Aufpolieren
Reißlack aus dem Fachhandel; 0,5 l reichen für 6 m²
Weißer, wasserverdünnbarer Dispersionslack; 2,5 l reichen für 25 m²
Klarlack; 0,75 l reichen für 7,5 m²

ARBEITSSCHRITTE

1 Eine neue Tür mit ockerfarbenem Dispersionslack dünn streichen und trocknen lassen.

2 Die Lackierung anschleifen, damit die Farbe etwas »verblaßt«, dann die Oberfläche mit einem weichen Lappen aufpolieren. Anschließend eine dünne Schicht Reißlack auftragen und trocknen lassen.

3 Zum Schluß eine dünne Schicht weißen Dispersionslack, verdünnt im Verhältnis von 2 Teilen Wasser auf 1 Teil Lack, auftragen. Trocknen lassen, dann leicht anschleifen, damit der Reißlack und der ockerfarbene Lack durchscheinen.

4 Die Tür zum Schutz mit Klarlack überziehen.

GEKALKTES HOLZ

Früher wurde Eichenholz nach dem Entfernen von Altanstrichen mit Kalk behandelt; in die Maserung des Holzes wurde eine Kalkpaste eingerieben, so daß eine glatte Oberfläche entstand. Anschließend konnte man die Oberfläche zur Betonung der Maserung mit Schleifpapier schleifen. (Eine alternative Methode zur Erzeugung eines Kalkeffektes wird auf Seite 56 beschrieben.)

Heute sind zahlreiche Kalkersatzmittel erhältlich, die nicht nur eine ebenso gute Wirkung erzeugen, sondern auch rasch und einfach anzuwenden sind. Die abgebildete Tür (rechts) ist zwar neu, doch man kann Weißpasten ohne Bedenken auch für eine alte Tür verwenden, vorausgesetzt, sie wird zuvor von sämtlichen Lack- oder Lasurschichten befreit und angeschliffen.

MATERIALIEN

Stahlwolle
Weißpaste; 0,5 l reichen für 6 m^2
2 weiche Lappen, einen zum Auftragen der Paste, einen zum Aufpolieren
Klarlack (nach Wunsch); 0,75 l reichen für 7,5 m^2

ARBEITSSCHRITTE

1 Die neue oder von Altanstrichen befreite Tür mit Stahlwolle scheuern, um die Maserung hervorzuheben.

2 Die Weißpaste mit einem weichen Lappen auftragen, dabei gegen die Maserung des Holzes reiben. Vorgang wiederholen, diesmal in Richtung der Maserung. Darauf achten, daß die Paste die offenen Poren des Holzes gut ausfüllt.

3 Die Paste in etwa einer Stunde hart werden lassen, dann mit einem weichen Lappen aufpolieren.

Nach ungefähr 24 Stunden kann die Tür mit Klarlack als Oberflächenschutz gestrichen werden. Man kann die Tür aber auch mit Bienenwachs behandeln und anschließend mit einem weichen Lappen polieren.

MÖBEL UND WOHN-ACCESSOIRES

MÖBEL UND WOHNACCESSOIRES

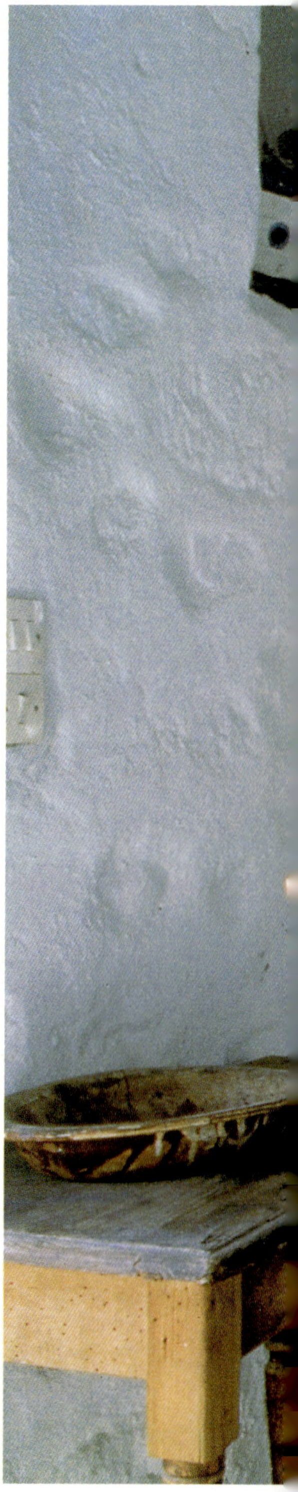

OBEN: Der dekorativ drapierte Musselin über der bequemen Bettcouch auf dieser überdachten, mit Bögen versehenen Terrasse eines Hauses im Mittelmeerraum wirkt wie ein Baldachin und harmoniert wunderschön mit den rankenden Bougainvilleazweigen.

RECHTS: Die Schlichtheit der Deckenbalken und gekalkten Wände in diesem kleinen Haus am Meer wirkt zeitlos schön. Die Mischung aus alten und modernen Möbelstükken paßt ausgezeichnet zu den einfarbigen Wänden und Fußböden.

Natürliches Wohnen bezieht sich nicht nur auf die Hintergrund- und Oberflächengestaltung eines Raumes, sondern auch auf dessen Einrichtung. Mit der Möblierung beginnt die weniger arbeitsintensive Seite der Innendekoration. Einen Raum mit neutralen, verputzten Wänden oder Fußbodenbelägen aus Naturfasern kann man mit Hilfe farblicher Akzente und interessanter Ideen lebendig gestalten.

Die Kargheit und Unaufdringlichkeit, wie sie der natürliche Wohnstil impliziert, ist nicht unbedingt gleichbedeutend mit einer minimalistischen Einrichtung. Komfort spielt eine große Rolle, und von einer gelungenen Raumgestaltung kann nur dann die Rede sein, wenn das körperliche Wohlbefinden gewährleistet ist.

In den letzten Jahren sind Einbaumöbel etwas aus der Mode gekommen, und es zeichnet sich eine Rückbesinnung auf traditionelle Formen von frei stehenden Schränken und Regalen ab, was Spielraum für Eklektizismus und Originalität zugleich eröffnet; Möbel verschiedener Provenienz und Epochen werden miteinander kombiniert, so daß sich ein spontaner und persönlicher Stil ergibt. Ein oder zwei erlesene moderne Möbelstücke – zum Beispiel ein schöner Tisch, ein Sofa oder ein gutes Bett – können die Grundlage einer Raumgestaltung bilden und werden mit Erbstücken, Schnäppchen aus dem Trödelladen und ein paar guten alten Klassikern ergänzt. Wohl kaum jemand wird den gewünschten Effekt von heute auf morgen verwirklichen können, doch wenn man Räumen Zeit läßt, sich zu entwickeln, ergibt sich am Ende meist eine natürliche, ungezwungene Atmosphäre.

Möbelarten

Möbeln aus natürlichen Materialien sieht man ihre Herkunft an. Obwohl wir bei den synthetischen Bestandteilen von Wandmaterialien und Fußbodenbelägen schon mal geneigt sind, ein Auge zuzudrücken, sind wir bei der Auswahl von Stühlen und Tischen weitaus kritischer. Doch nicht selten trügt der Schein. Manche Möbelarten, insbesondere Polstermö-

bel, bestehen häufig zu einem nicht unerheblichen Teil aus synthetischen Stoffen: Unter umweltfreundlichem Kaliko versteckt sich manchmal Füllmaterial aus Schaumstoff oder Kunstfasern. Lacke und andere Oberflächenmaterialien enthalten synthetische Bestandteile, die in ansonsten natürliche Produkte eindringen. Doch viele Hersteller nehmen mittlerweile die Sorgen ihrer Kunden um die Umwelt ernst und bemühen sich in den letzten Jahren verstärkt, nur Holzarten zu verwenden, die aus garantiert kontrolliertem Anbau stammen. Vielfach werden Möbel entsprechend ausgezeichnet.

Eine weitere Möglichkeit, die Natürlichkeit eines Produktes zu garantieren, besteht darin, die Arbeit von jungen Möbeldesignern zu fördern, die bei ihren modernen Kreationen mit natürlichen Materialien experimentieren. Kunsttischler und andere Kunsthandwerker, die mit Holz arbeiten, haben genaue Kenntnisse über Materialien und ihre Herkunft. In Großbritannien beispielsweise verwerten Tischler und Schreiner noch immer das Holz der Bäume, die bei dem großen Orkan 1989 umgestürzt sind. Aus solchem Holz gefertigte Möbel gezielt in Auftrag zu geben ist nicht unbedingt teuer. Wer für die Herstellung seiner Möbel so viel Interesse aufbringt, daß er eventuell sogar angibt, welche Materialien verwendet werden sollen, wird an seinem maßgefertigten Stück vermutlich nicht nur weitaus mehr Gefallen finden, sondern er kann sich auch darüber freuen, die Arbeit eines Kunsthandwerkers unterstützt zu haben. Handgefertigte, individuelle Produkte stellen die Beziehung zwischen Erzeuger und Material wieder her, die durch die industrielle Herstellung lange Zeit unterbrochen war.

Diejenigen, die sich mit Artikeln zufriedengeben, die zwar so natürlich wie möglich sind, aber nicht im strengen Sinne umweltfreundlich, haben die größere Auswahl. Ein »natürlicher Look« läßt sich mit einer Vielzahl von gutaussehenden zeitgenössischen Möbeln aus Holz, Rohr, Korbweide und Metall kreieren, von blankgescheuerten Eßtischen aus Eiche über Rattansofas bis hin zu Küchenstühlen mit Binsensitzfläche. Für viele Inneneinrichtungen bilden warme, griffige natürliche Materialien eine vollkommene Ergänzung zu klaren, modernen Linien – die Wirkung ist schlicht, aber nicht steif. Viele Möbel dieser Art sind gut kombinierbar, wodurch sich die bedrückende Ausstrahlung einer uniformen Raumgestaltung leicht verhindern läßt. Regiestühle aus Segeltuch an einem hölzernen Eßtisch, ein Beistelltisch aus Rattan mit Metallbeinen neben tiefen, weichen Sofas mit Leinenbezug, ein Toilettentisch, flankiert von Gartenklappstühlen – all diese Elemente tragen zu der lockeren, zwanglosen Einrichtung bei, die für den natürlichen Stil charakteristisch ist.

LINKS: Ein Musselinbaldachin verstärkt den intimen Charakter dieses in einer Nische eingelassenen Hochbettes, das den begrenzten Platz hervorragend ausnutzt und zusätzlichen Stauraum bietet.

OBEN: Möbel aus altem Holz sind eine elegante und zugleich umweltfreundliche Lösung.

Oben und rechts: Korbweide, Holz und Baumwolle ergeben eine harmonische Kombination von Strukturen und Farben in einer natürlichen Raumgestaltung. Klappstühle, ursprünglich zum Mitnehmen auf Reisen gedacht, und Lloyd-Loom-Stühle, die für den Außenbereich entworfen wurden, sind mit ihren schlichten Formen und natürlichen Stoffen ideale Dekorationselemente.

Heutzutage benutzt man Gartenmöbel fast häufiger im Innen- als im Außenbereich. Alle Arten von Tischen und Stühlen, aus Korb, Metall oder anderen Materialien, die ursprünglich für den Wintergarten oder die Terrasse bestimmt waren, bringen ihre enge Bindung an natürliche Umgebungen mit ins Wohnzimmer. Gartenmöbel von Lloyd Loom aus mit Papier umwickelten, über einen Bugholzrahmen miteinander verflochtenen Drähten gelten heute als Klassiker. Einfache französische Gartenklappstühle sind ebenfalls vielseitig verwendbare Grundelemente der Wohnungseinrichtung.

Eine gute Alternative besteht auch darin, alte, ausrangierte Möbel wieder »aufzumöbeln«. Antiquitätenmärkte, Trödelläden und Sperrmüll sind eine wahre Fundgrube für interessante und originelle Stücke, die noch viele Jahre halten können. Alte Küchentische aus Kiefernholz, Wiener Stühle, einfache Hocker, Eichenbänke, Bauernküchenschränke und Kommoden sowie Thonet- und Shaker-Stühle, all diesen Möbeln ist eine unverfälschte Schlichtheit eigen, die gut zum natürlichen Stil paßt. Die Oberfläche alter Möbel läßt sich auffrischen, indem man das Holz von alten Farbanstrichen und Lasuren befreit und mit Öl oder Wachs behandelt. Wer einen matten, abgenutzten Effekt vorzieht, kann das Möbel mit dünner, wasserlöslicher Farbe streichen: Kiefernholz bekommt eine verblichene, kreidige Oberfläche, wenn man eine dünne Schicht mit Ockergelb abgetöntes Weiß aufträgt; Seegrün, Blau und zartes Rot wirken fröhlich und folkloristisch.

Auch ausrangierte Möbel und andere Einrichtungsgegenstände aus Geschäften, Büros oder Schulen lassen sich gut in Wohnräumen verwenden. In Vitrinen und Warenregalen ist reichlich Platz für die Unterbringung von Bettwäsche und Kleidung. In Schulschränken und -spinden kann man Bücher, Geschirr und Wäsche verstauen. Dampfkessel und Wäschetruhen geben Behälter für Spielsachen, Schuhe und Decken ab. Regale, die einfachste Lagerungsvorrichtung, werden zumeist aus Brettern, wie beispielsweise aus Holzfaserplatten oder Spanplatten, gebaut, und sind äußerst stark und stabil. Allerdings können diese Materialien schädlich sein, da die Harze, die die Fasern binden, Formaldehyd enthalten. Eine natürlichere Methode ist die Verwendung von altem Holz, wie beispielsweise alten Bodendielen oder Gerüstbrettern. Einfache Holzbretter kann man im zur Wand passenden Farbton streichen oder beizen; einen etwas rustikaleren Effekt erzielt man, wenn

man sie mit einer dünnen Schicht Gipsputz oder Gipsgrund streicht.

Frei stehende Wandschirme sind variable Raumteiler. Ein einfacher Rahmen aus Hartholz, Weichholz, Bambus oder Metall läßt sich mit zahlreichen Materialien bespannen, unter anderem mit geflochtenen Rattanbahnen, schlichtem Kaliko oder dickem Papier. Wandschirme aus mit Scharnieren verbundenen Holzelementen, gebeizt, gestrichen oder gewachst, kann man problemlos selbst anfertigen.

Das vielleicht wichtigste Einzelmöbel in der Wohnung oder im Haus ist das Bett. Eine teure, hochwertige Matratze und eine gute Unterlage sind keinesfalls Geldverschwendung, doch häufig sind gerade die einfachsten Betten am gesündesten und natürlichsten. Ein Futon auf einer niedrigen Holzplatte ist eine umweltfreundliche Lösung; eine Alternative ist eine Latex- oder eine Federkernmatratze aus Naturfasern. Bei einem Lattenrost oder einem Metallgestell kann die Luft frei zirkulieren. Für die Kissen empfiehlt sich eher eine Feder- als eine Schaumstoffüllung.

Platz zum Aufhängen von Kleidungsstücken erhält man ganz einfach, indem man eine Holz- oder Metallstange in einer Nische anbringt und diese mit einem Stoff- oder Bambusvorhang, einem Springrouleau, einer Schiebetür oder Jalousie verdeckt. Der Handel bietet eine weitere Lösung an: »Schränke« aus Zeltleinwand haben den Vorteil, daß die Kleidungsstücke vor Staub und Sonneneinstrahlung geschützt sind.

Küchen und Badezimmer

Die Küche ist zwar normalerweise das Herz eines Haushalts, doch sie ist nicht selten einer der am wenigsten natürlich ausgestatteten Räume. Moderne Einbauschränke unter Laminatarbeitsplatten verbreiten eine kühle, sterile Atmosphäre, die im krassen Gegensatz steht zu der eigentlichen Funktion der Küche als Ort der Nahrungszubereitung. Noch schlimmer ist, daß solche Elemente gesundheitsschädlich sein können. Faserplatten, aus denen Einbauschränke meistens gefertigt sind, können Formaldehyd absondern,

LINKS: Der schmale Raum mit seinen kleinen Fenstern wirkt durch weiße Wände und Stoffe größer. Hauchdünne Vorhänge schirmen die Bettcouch unaufdringlich vom übrigen Raum ab.

OBEN: Mit Kalkersatzmittel behandeltes Holz paßt gut in einen Raum, der hell wirken soll. Altes oder neues Holz kann man nach dem Entfernen der Lackfarbe beispielsweise mit Weißpaste, die im Fachhandel erhältlich ist, einreiben. Eine Alternative ist das Streichen mit weißer Dispersionsfarbe (Latexfarbe); man sollte die Zwischenschichten mit Schleifpapier anschleifen.

und synthetische Lackfarben und Oberflächenmaterialien wie Versiegelungslasuren und wasserdichtende Mittel können weitere, potentiell giftige Chemikalien abgeben. Es ist unlogisch und unklug, einerseits darauf zu achten, daß die Nahrung, die wir essen, aus biologischem Anbau stammt und keine Zusätze enthält, aber andererseits unsere Nahrungsmittel in einer Umgebung zu lagern und zu verarbeiten, die sich schädlich auswirken kann.

Die traditionellen schlichten Küchen in Bauernhäusern liefern ein gutes Vorbild für eine natürliche Küche. Die Essenszubereitung kann genauso gut auf einer Schneideplatte und auf dem Holztisch stattfinden wie auf einer eingebauten Arbeitsplatte, und in frei stehenden Anrichten, Schränken und Truhen läßt sich vieles verstauen. Die traditionelle Speisekammer, ein kühler Raum an einer Außenwand des Hauses mit Schieferregalen und Steinboden, ist ein natürlicher Kühlschrank, in dem sich Lebensmittel hervorragend lagern lassen. Viele Hersteller haben den heutigen Trend, alte Küchenmöbel wiederzuverwenden, aufgegriffen und produzieren statt der individuell eingepaßten Einbauküche mittlerweile moderne Einzelstücke. Diese Alternative ist zwar oft sehr kostspielig, doch die Tatsache, daß man seine Küche beim Umzug mitnehmen kann, versöhnt ein wenig mit dem hohen Preis.

Wer zumindest einen Teil seiner Küche mit Einbaumöbeln einrichten möchte, kann entweder solide Holzelemente kaufen oder sie passend anfertigen lassen, was nicht unbedingt so teuer sein muß, wie es klingt. Ein Gerüst aus Regalen, Schränken und Arbeitsplatte kann man mit einer relativ preiswerten Türfront aus Profilholz oder sogar Vorhängen verkleiden. Etwas schicker wirkt eine Zinkverkleidung, die mit Polsternägeln befestigt wird. Arbeitsplatten aus Holz, Keramik- oder Terrakottafliesen, Granit, Marmor, Stahl oder Zink sind schön und genauso praktisch wie solche aus Kunststoff. Eingelassene Marmorfliesen eignen sich gut

LINKS: In dieser kleinen Küche dient ein einfaches, in leuchtendem Blau gestrichenes Gitterwerk als Unterbau für die Spüle. Der Tisch vom Trödelmarkt ist weiß lackiert und kommt durch die Metallstühle mit Sitzkissen aus Seilgeflecht wunderschön zur Geltung.

OBEN: Die klaren Linien dieser Küchenzeile aus rostfreiem Stahl und den Küchengeräten aus Chrom und Stahl erhalten durch die gekalkte Wandverkleidung aus alten Dielenbrettern einen rustikalen Touch.

Oben und rechts: Das Nebeneinander von Keramik und Terrakottafliesen, Holz und Kalkanstrich wirkt gut in Badezimmern, wo die Oberflächen glatt und pflegeleicht sein sollten. Rundherum gekachelte Wände sind abwaschbar, und Türen, Verkleidungen und Regale aus Holz sorgen für natürliche Wärme.

für die Teigzubereitung; kleine Marmorplatten bekommt man häufig auch bei Recyclingfirmen oder beim Steinmetz.

Weitere traditionelle Küchenideen, die man heute wieder aufgreifen sollte, sind zum Beispiel Schubladen aus Korb zum Aufbewahren von Gemüse und große Einkaufsnetze als Alternative zu Plastiktüten aus dem Supermarkt. Umgekehrt ist es jedoch ein Fehler, sich nicht von veralteten Haushaltsgeräten zu trennen; moderne Herde sind beispielsweise energiesparender als ältere Modelle. Die wohl lohnenswerteste Investition ist ein Herd aus Gußeisen, der nebenbei die Küche heizt und bei guter Pflege und mit etwas Sachkenntnis ein Leben lang hält. Entbehrlich sind allerdings Apparate, die angeblich die Arbeit erleichtern sollen, aber in Wirklichkeit nur Platz wegnehmen und Energie verschwenden. Für weitaus weniger Geld bekommt man hochwertige Töpfe und Pfannen und einen Satz erstklassiger Messer, die für fast alle Erfordernisse ebenso gute Dienste leisten.

Die Küche ist ein Energiezentrum, das zwangsläufig Abfall erzeugt. In einigen Ländern, vor allem in Deutschland, ist die Wiederverwertung von Abfall vorgeschrieben; in anderen Teilen der Welt ist dies weitestgehend dem Gewissen des einzelnen überlassen. Das Aufstellen von getrennten Behältern für organischen Abfall, für Altglas, -papier und -metall wird viele Menschen dazu anspornen, den Weg zum Komposthaufen oder zum Altglascontainer auf sich zu nehmen.

Im Gegensatz zur Küche als Ort fröhlicher Geselligkeit ist das Badezimmer eher ein Ort des Rückzugs, wo man die Hektik des Tages in friedlicher Ruhe von sich abstreifen kann. Aufgrund des geringeren Wasserverbrauchs ist die Dusche umweltfreundlicher als die Badewanne, und der japanische Brauch, sich unter der Dusche zu reinigen, bevor man gemeinsam mit anderen ein heißes Wannenbad nimmt, ist eine angenehme Verbindung von Körperpflege und sozialer Begegnung. Japanische Wannen sind meist tiefer und schmaler als westliche, wodurch das Wasser länger heiß bleibt. Gemeinsam mit der Familie und Freunden in die Wanne zu steigen ist eine asiatische Sitte, die sich bei uns verklemmten Westeuropäern wohl nicht durchsetzen wird, doch das Prinzip, Waschen von Entspannen zu trennen, ist im Grunde sinnvoll.

Absorbierende Oberflächen und Oberflächenmaterialien wie unbehandelte Korkbodenfliesen und wasserlösliche mikroporöse Farben sind für Badezimmer ideal, da die Oberflächen gasdurchlässig bleiben. Korb- und Rohrmöbel eignen sich für das feuchte Badezimmerklima ebenso gut wie für den Wintergarten, für den sie ursprünglich gedacht waren. Rutschfeste Keramikfliesen sind in höchstem Maße wasserabstoßend. Offene Metall- und Glasregale sind ein guter Stauraum für Handtücher und Badeutensilien. Wer herkömmlichen Standardausführungen nichts abgewinnen kann, dem gefällt vielleicht ein Waschbecken in einem frei stehenden Waschtisch aus Metall.

Bezüge und Accessoires

Kissen, Überwürfe, Steppdecken und Bezüge können mehr als beliebige Zusatzdekorationen oder Accessoires denn als unabdingbare Gestaltungselemente betrachtet werden. Doch im Gegensatz zu Wänden und harten Flächen sind solche Elemente weich und sorgen sowohl in praktischer als auch in ästhetischer Hinsicht für ein gewisses Maß an Komfort. Weiche Einrichtungsgegenstände wirken meist nur dann überflüssig und übertrieben, wenn Räume bereits mit Teppichen und Stoffen gut »gepolstert« sind. Ein eher spärlich oder streng eingerichteter Raum erhält durch die legere Zwanglosigkeit etlicher Kissen oder einer weichen Tagesdecke Wärme und eine menschliche Note. Falls der Raum ansonsten neutral und zurückhaltend gestaltet ist, verbreiten farbenfrohe Accessoires eine lebendige und einladende Atmosphäre. Derlei Dekorationselemente sind außerdem meist ausgesprochen preiswert, so daß man es sich durchaus leisten kann, ab und zu für Abwechslung zu sorgen.

Weiche Accessoires ermöglichen den Einsatz von reichlich Farbe. Natürliche Farbstoffe sind alles andere als unscheinbar. Leuchtendes Ockergelb, Senfgelb, Salbei- und Moosgrün, sattes Krapprot und Purpur sowie sanftes Indigoblau ersetzen zunehmend die sterilen Primärtöne von künstlich hergestellten Farben, denn immer mehr Hersteller erkennen die Möglichkeiten dieser traditionell produzierten Farbstoffe. Es gibt so gut wie keine Farben, die sich nicht miteinander kombinieren lassen, was bedeutet, daß man das grundlegende Dekorationsschema eines Raumes nicht verändern muß, wenn man Accessoires hinzufügt oder wegnimmt.

Für folkloristische Kissenbezüge, Überwürfe oder Webdecken werden fast ausschließlich natürlich gefärbte Leinen- und Baumwollstoffe verwendet. Die leuchtenden Farben kann man zusätzlich hervorheben, wenn man die Kissen mit handgesteppten Dekorationen, Einfaßstichen und figürlichen Stickereien ziert. Bandhani-Textilien aus Rajasthan sind traditionelle sonnengebleichte Stoffe, die beim Färbevorgang durch gezogene Fäden eine gekräuselte Oberfläche erhalten und somit für zusätzliche Struktur sorgen. In Indien und im Fernen Osten werden Stoffe traditionell mit Schlamm- oder Wachsbatikmustern versehen. Diese ursprünglichen Drucke wirken gerade wegen ihrer unregelmäßigen Musterung interessant.

Da weiche Dekorationsaccessoires relativ preiswert sind – besonders, wenn man sie selbst anfertigt –, kann man mit ihnen einen Raum entsprechend der jeweiligen jahreszeitlichen Stimmung schmücken: Leichte Baumwollüberwürfe in kräftigen Farben statt Wolldecken verleihen jedem Raum im Nu ein sommerliches Flair.

Ebenso kann man auch dunkelfarbige Schonbezüge für Polstersessel und Sofas in den sonnigeren Monaten gegen hellere austauschen. Schonbezüge sind im Grunde praktischer als feste Bezüge, da sie sich zum Waschen oder Reinigen leicht abziehen lassen; außerdem kann man sie preiswert erneuern, wenn sie abgenutzt sind. Viele Polstermöbel gibt es mittlerweile auch mit einfachen naturfarbenen Kalikobezügen, ein rustikaler improvisierter Look, der sehr reizvoll sein kann. Einfache Bezüge kann man jedoch im Handumdrehen selber kreieren, indem man Stoffe, Bettlaken, Bettdecken oder Tagesdecken über ein Sofa oder einen Sessel drapiert.

Für Bettwäsche bieten natürliche Materialien den höchsten Komfort. Feste Baumwolle ist für Bettlaken und Kopfkissenbezüge, die direkten Kontakt mit der Haut haben, am geeignetsten. Decken aus Wolle und Flanell garantieren wohlige Wärme, Plumeaus und Kopfkissen mit Daunen- beziehungsweise Federfüllung sorgen für einen natürlichen Schlaf. Helle Steppdecken, Überwürfe mit Fransen oder farbenfroh gemusterte Tagesdecken bringen die Bedeutung des Bettes ganz besonders zur Geltung; weiße Bettwäsche ist zeitlos elegant, kühl und erfrischend. Ein Bett kann aber auch mit Vorhängen oder Stoffbahnen verschönert werden. Ein einfacher Holz- oder Metallrahmen reicht aus, um Musselin in großzügigen Falten zu drapieren oder schlichte Vorhänge an Schlaufen, Bändern oder Schleifen zu befestigen.

LINKS: Markant gestreiftes Segeltuch mit einfachen Schlaufen an einer Holzstange befestigt – und fertig ist die Hängematte, die in einem ländlichen Garten luftig und heiter wirkt. Der Regiestuhl ist ähnlich gemustert.

OBEN: Ein mit natürlichen Materialien gestalteter Raum bekommt mit weichen Überwürfen, Polstern und Bezügen Farbe und Rhythmus. Schleifen und Quasten, an Kissenbezüge aus Leinen oder Kaliko genäht, sorgen in spärlich eingerichteten Räumen für dekorative Akzente und freundliche Auflockerung.

Beleuchtung

Das natürliche Licht verändert sich von Stunde zu Stunde, von Tag zu Tag; es ist vom Ton, von der Intensität und Farbe her nur selten statisch. Diese Wechsel sind fast unmerklich, aber sie scheinen dennoch starken Einfluß auf unser Wohlbefinden zu nehmen. Künstliches Licht soll das Tageslicht in der Nacht und in den dunkleren Zeiten des Jahres ersetzen. Doch vielfach wirkt das künstliche Licht im Raum alles andere als dezent. Grelle Deckenleuchten geben häufig ein blendendes Licht, das ermüdend und eintönig ist. Unbeschirmte Glühbirnen strengen die Augen an, und schlecht plazierte und falsch ausgewählte Lampen verändern die Farbwahrnehmung und leuchten trüb. Eine Innenbeleuchtung, die nicht darauf ausgerichtet ist, die feinen Nuancen des Tageslichts zu imitieren, kann der behaglichen Atmosphäre eines Raumes keinesfalls förderlich sein, sondern erzeugt in vielen Fällen geradezu das Gegenteil.

Bei der Auswahl der Beleuchtung ist unbedingt die Qualität der Lichtquelle zu berücksichtigen. Die Wolframfadenlampe

GANZ LINKS: Himmelblaue Wände und blau-weiß gemusterte Naturfaserstoffe sind eine frische, klassische Farbkombination.

LINKS: Durch seine kühle Struktur eignet sich Leinen hervorragend für Bettwäsche, da es angenehm auf der Haut ist. Schieferblau und grau sind eine elegante Farbzusammenstellung für das Kopfende eines skandinavischen Bettes.

OBEN: Dieses niedrige Bett in Fensterhöhe in dem spärlich eingerichteten Raum verheißt erholsamen Schlaf. Wer es sicherer und ungestörter haben möchte, kann sich mit üppigen Bett- und Fenstervorhängen aus Baumwolle nachts vor unerwünschten Blicken schützen.

oder Glühlampe, nach wie vor die gebräuchlichste Wohnungsbeleuchtung, gibt ein warmes gelbliches Licht ab. Das Licht von Leuchtstofflampen war früher grünlich und wirkte kalt. Doch inzwischen sind diese Lampen sowie die energiesparenden und langlebigen Kompaktleuchtstofflampen in verschiedenen Lichtfarben erhältlich. Halogenlampen mit Wolframfaden geben ein strahlendweißes Licht ab. Niederspannungshalogenlampen (Niedervoltlampen) werden häufig eingesetzt, um Lichtakzente zu setzen, und sind ebenfalls äußerst energiesparend. Sie sind kleiner, geben weniger Hitze ab und halten sehr lange, sind aber teuer.

Die Beleuchtungsplanung sollte sich an den Funktionen der jeweiligen Räume orientieren, damit die Atmosphäre und die Stimmung den funktionalen Erfordernissen entspricht. Eine zentral plazierte Hängelampe in jedem Bereich sorgt zweifellos für ausreichend Licht, doch es gibt kaum ein besseres Mittel, um einem Raum Charakter und Atmosphäre zu nehmen. Wenn man dagegen mehrere Lichtquellen mit unterschiedlicher Lichtstärke installiert und den Schein jeweils in verschiedene Richtungen lenkt, überlappen sich die einzelnen Lichtkegel, was sehr viel interessanter wirkt. Eine Hintergrundbeleuchtung erhält man beispielsweise mit einer Vielzahl von einzelnen Lampen, die die Lichtmenge insgesamt erhöhen, ohne harte Schatten oder einheitlich grelles Licht zu erzeugen. Tischlampen, nach oben oder unten strahlende Leuchten, Spots und Seitenleuchten können so eingestellt oder geschwenkt werden, daß das Licht von Wänden und Decken zurückstrahlt, und eine einzige, fest installierte Lampe gar nicht notwendig ist. Leuchten für spezielle Zwecke, die helles Licht gebündelt in eine einzige Richtung werfen, sind zum Beispiel für Schreibtische, Küchenarbeitsflächen oder andere Bereiche erforderlich, wo konzentriert gearbeitet wird. Akzentbeleuchtung dagegen muß nicht unbedingt sehr hell sein und eignet sich ausgesprochen gut, um dekorative Objekte der Inneneinrichtung und architektonische Elemente eines Raumes positiv hervorzuheben.

Die Qualität einer Lichtquelle wird auch entscheidend von dem Beleuchtungskörper oder dem abdeckenden Schirm beeinflußt. Schirme aus Papier, Seide und Pergament sorgen für weiches Streulicht; Metallschirme und -lampen erzeugen einen etwas stärker gerichteten, schärfer konturierten Effekt. Der Fachhandel bietet heute ein großes Sortiment von Leuchten und Lampen an, die sich harmonisch in einen natürlichen Dekorationsstil integrieren lassen, vom Japanballon bis hin zu Tischlampen mit urwüchsigem Steingutfuß und Pergamentschirm.

LINKS: Backsteinwände und natürliches Tageslicht in Überfluß bringen die geschwungenen Linien der Architektur dieses in einen Wohnraum umgewandelten Lagerhauses wunderbar zur Geltung.

OBEN: Grob behauener Schiefer an der Wand über der Wanne und dem Waschbecken sind eine kluge Entscheidung. Die einfallsreiche Lampenaufhängung aus einem Ast und alten Steinen sorgt in dem einfachen Badezimmer für einen originellen Kontrast.

Neben den herkömmlichen Ballons gibt es Lampen mit Papierschirmen in vielen verschiedenen Größen und organischen, kokonähnlichen Formen sowie aus natürlichem, ungebleichtem, mit Bambus verstärktem Papier. Papierlampen mit Metallfuß in japanischem Stil, ähnlich den Skulpturen von Isamu Noguchi, machen sich gut als Nachttisch- oder Tischlampen. Metallschirme gibt es in dekorativen Loch- und Sternmustern, in Emailfarben, mit nicht galvanisierten Oberflächen und in unterschiedlichen Größen. Klemmleuchten aus Aluminium sind in mehreren Ausführungen erhältlich und haben eine schlichte Ästhetik, die in viele Bereiche paßt. Professionelle Fotostudioleuchten mit auswechselbarem Metallschirm lassen sich gut als Stehlampen verwenden.

Künstliches Licht sollte als Partner des Tageslichts betrachtet werden und nicht nur als dessen Ersatz. Um weniger auf künstliche Lichtquellen angewiesen zu sein, kann man die Menge an natürlichem Licht erhöhen, die ein Raum erhält, indem man ihn in hellen oder neutralen Farben gestaltet, so daß das Licht von Oberflächen und Wänden reflektiert wird.

Auch Spiegel lassen sich sinnvoll einsetzen. Früher wurde kostbares und teures Kerzenlicht durch mit Spiegelglas beschichtete Wandkerzenhalter oder spiegelverkleidete Wände um ein Vielfaches verstärkt; heute ist man zwar auf derlei Methoden nicht mehr ganz so dringend angewiesen, doch die Wirkung eines raffiniert angebrachten Spiegels ist nicht zu unterschätzen. Ein Spiegel sollte so angebracht werden, daß er das durch ein Fenster fallende Tageslicht einfängt, eine schöne Aussicht reflektiert oder ein größeres Raumgefühl vermittelt. Ein ausgesprochen guter Platz für einen Spiegel ist gegenüber einem Eingang, da eine solche Plazierung Perspektiven liefert, die wuchtige Wände und Raumteiler optisch aufzulösen scheinen. Große Spiegel wirken sehr eindrucksvoll, doch auch mit kleineren Spiegeln läßt sich das Licht in einem Raum zum Strahlen bringen.

Mit einem Dimmer kann man die Lichtstärke je nach Stimmung und Bedarf nuanciert abstufen.

Eine natürlich wirkende Wohnzimmerbeleuchtung erhält man, indem man Decken-, Wand- und Tischlampen kombiniert und so je nach Stimmung und Bedarf die Lichtstärke variieren kann. Zur Entspannung genügt mitunter schon Kerzenlicht. Zum Lesen arrangiert man um den Sitzbereich Tischlampen mit Papier- oder Metallschirmen. Stimmungsvoll wird es, wenn man mehrere Tischlampen, ein oder zwei Strahler und eine Wandlampe oder eine in der Decke eingelassene Leuchte mit niedriger Wattleistung einschaltet.

KISSENBEZUG MIT FRANSEN AUS RAFFIABAST

Kissen eignen sich ausgezeichnet, um bei der Dekorationsplanung Akzente zu setzen, und sie können problemlos gegen andere weiche Accessoires ausgetauscht werden. Stoffe und dekorative Details aus Naturfasern sind preiswert und in vielen Geschäften erhältlich. Leichte, durchscheinende Stoffe wie Musselin sollten mit starker, dichtgewebter Baumwolle unterlegt werden, wenn man sie mit schweren Stoffen kombinieren möchte.

Zur Anfertigung von einfachen Kissenbezügen aus Naturfaserstoffen eignen sich Kaliko, grob gewebtes Leinen, Hessian (Juteleinen), Baumwolldamast, Seidentaft, mit pflanzlichen Farbstoffen gefärbtes Leinen und gewebter Raffiabast. Alle diese Stoffe harmonieren gut mit natürlichen Materialien wie gebleichte Holzdielen oder Rohr- und Rattanmöbeln. Fransen aus einfachem gewebtem Raffiabast fügen schlichten Kissenbezügen aus Gingham ein interessant strukturiertes Dekor hinzu. Ein kompletter Bezug aus gewebtem Raffiabastgeflecht bekommt zusätzlich etwas Pfiff, wenn man individuell gestaltete Wäschezeichen aufnäht. Statt Raffiabast kann man auch gefranste Jute oder Hessianfransen nehmen.

MATERIALIEN

Quadratisches Kissen, 30 x 30 cm
Blauer Gingham
Schere, Stecknadeln
Weißes Nähgarn
Kreide oder Markierstift
Zwei weiße Knöpfe, 2,5 cm Durchmesser
Raffiabastgeflecht

VORBEREITUNG

Für die Vorderseite des Kissens ein quadratisches Stück Stoff von 30 Zentimeter Kantenlänge zuzüglich 1,25 Zentimeter Nahtzugabe auf allen Seiten zuschneiden.

Für die Rückseite zwei rechteckige Stoffteile von 30 mal 15 Zentimeter, das eine mit 1,25 Zentimeter Nahtzugabe auf allen Seiten, das andere mit 1,25 Zentimeter auf drei Seiten und 6 Zentimeter Zugabe auf einer Längsseite für die Knopflochkante, zuschneiden. Zwei Streifen Raffiabastgeflecht von je 32,5 mal 8,75 Zentimeter mit einer Nahtzugabe von 1,25 Zentimeter zuschneiden. Dann die Ränder ausfransen.

ARBEITSSCHRITTE

1 Für die Rückseite des Kissens das Stoffrechteck mit der Knopflochzugabe mit der rechten Seite nach unten legen. Den für die Knopflöcher vorgesehenen Rand 2,5 Zentimeter breit einschlagen und dann doppelt legen, so daß sich ein 3,5 Zentimeter breiter Saum ergibt. Mit der Nähmaschine festnähen, dann bügeln. Mit der Maschine oder mit der Hand zwei vertikale Knopflöcher von je 2,5 Zentimeter Länge nähen; sie sollten 10 Zentimeter vom oberen und unteren Rand entfernt sein.

2 Das andere Stoffrechteck mit der rechten Seite nach unten legen. Den linken Rand zweimal 0,6 Zentimeter breit umschlagen. Mit der Nähmaschine festnähen, dann bügeln. Die Position der Knöpfe mit der Kreide markieren und die Knöpfe annähen. Dieses Rechteck mit der rechten Seite nach unten neben das erste legen und um 3,5 Zentimeter überlappen lassen, so daß die Knopflöcher die Knöpfe bedecken. Mit Nadeln feststecken. Die beiden Rechtecke an beiden Enden der vertikalen Knopfleiste, 5 Zentimeter vom Rand entfernt, zusammennähen und zur Verstärkung am inneren Rand der Knopflochleiste entlangnähen (siehe 4).

3 Das große Stoffquadrat für die Vorderseite des Kissens mit der rechten Seite nach oben legen. Dann den Raffiabast mit den Fransen nach innen an beiden Seiten entlanglegen und anstecken.

4 Das rückwärtige Stoffquadrat mit der rechten Seite nach unten auf das vordere Quadrat legen, so daß der Raffiabast zwischen beiden Stoffteilen liegt, und anstecken. Mit der Maschine im Abstand von 1,5 Zentimetern zur Kante rundherum zu einem Kissenbezug festnähen. Alle vier Ecken abschneiden. Die Oberseite des Bezugs nach außen stülpen und anschließend bügeln.

1

3

2

4

LOSER SCHONBEZUG

Dieser lose Schonbezug aus einem Leinenbettuch unterstreicht die Schlichtheit eines zwanglos eingerichteten Raumes. Er ist so einfach zu nähen, daß man ihn mühelos für jede Sesselform und -größe herstellen kann. Wer mehr Komfort und Stil bevorzugt, der kann ein gestepptes Sitzpolster aus passendem Leinen anfertigen. Ein Kissen mit Raffiabastfransen als Accessoire rundet die dezent elegante Wirkung ab.

MATERIALIEN

Schnittmusterpapier
Maßband und Bleistift
Weißes Leintuch (etwa zweifache Bettlakengröße)
Schere, Stecknadeln
Kreide
Weißes Nähgarn

VORBEREITUNG

Vom Sessel eine grobe Skizze anfertigen und die einzelnen Bereiche wie in der Abbildung gegenüber mit den Buchstaben A bis H kennzeichnen. Breite und Länge der einzelnen Teile abmessen und notieren. Bei Verwendung eines gemusterten Stoffes angeben, in welcher Richtung das Muster verlaufen soll.

Wenn unterhalb der Polsterung ein ungemusterter Volant verlaufen soll, etwa 18 Zentimeter Länge und 1,5 Zentimeter am Ende jedes Streifens für die Verbindungsstellen plus 5 Zentimeter Nahtzugabe dazurechnen. Anhand der Maße die einzelnen Teile auf Schnittmusterpapier übertragen und jedes wie oben mit einem Buchstaben versehen. Die Teile ausschneiden. Auf Schnittmusterpapier ein langes Rechteck in der Breite des ausgewählten Stoffes aufzeichnen und die Schnitteile darin anordnen; bei Verwendung eines ungemusterten Stoffes die Teile so eng wie möglich arrangieren, um Stoff zu sparen. Zur Berechnung der Stoffmenge die Länge des Schnittplanes messen.

ARBEITSSCHRITTE

Das Sitzpolster, falls vorhanden, entfernen und die Maße des Sessels, wie angegeben, berechnen. Die Schnitteile auf den Stoff legen und ausschneiden, dabei um jedes Teil Stoff zugeben: 15 Zentimeter zum Einstecken und 5 Zentimeter Nahtzugabe (außer beim Volant und den Einsteckteilen). Die Stoffteile mit der rechten Seite nach unten am Sessel feststecken.

1 Die Mitte der Vorder- und Rückseite, der Sitzfläche und der Front des Sessels mit Stecknadeln markieren. Das Stoffteil für die Außenseite der Rückenlehne (A) mit Stecknadeln am Sessel befestigen, so daß der Mittelpunkt des Stoffes auf dem der Lehne liegt. Den Stoff nach unten glattstreichen und rundherum an den Rändern anstecken.

2 Den Stoff für die Innenseite der Rückenlehne (B) am Sessel feststecken, unten einen Rand zum Einstecken zugeben. Mit der Kreide eine Nahtlinie markieren. Die Stoffteile für die Außen- (D) und Innenseiten (E) der Armlehen feststecken; für die Innenseiten unten einen Rand zum Einstecken zugeben.

3 Die Stoffstreifen für die Oberkante der Armlehnen (F) auflegen und an beide Armlehnen stecken. Dann die Armlehnenstreifen an das Innenteil der Rückenlehne und die Außenteile der Armlehnen an das Außenteil der Rückenlehne entlang der Ecknähte stecken. Streifen für die Kante der Rückenlehne (C) genauso anbringen.

4 Das Stoffteil für die Sitzfläche (G) auflegen, so daß die Mittelpunkte übereinanderliegen, hinten und an den Seiten einen Rand zum Einstecken zugeben. Die Einsteckränder um die Sitzfläche zusammenstecken. Das Teil für die Sesselfront (H) feststecken und anschließend die Armlehnenteile auf beiden Seiten anstecken.

5 Den Bezug nach dem Feststecken vom Sessel nehmen und in der gleichen Reihenfolge, wie er zusammengesteckt wurde, zunächst zusammenheften, dann mit der Nähmaschine nähen. Eine Naht an der äußeren Rückenlehne offenlassen. Die Oberseite des Bezugs nach außen stülpen; Naht mit der Hand schließen.

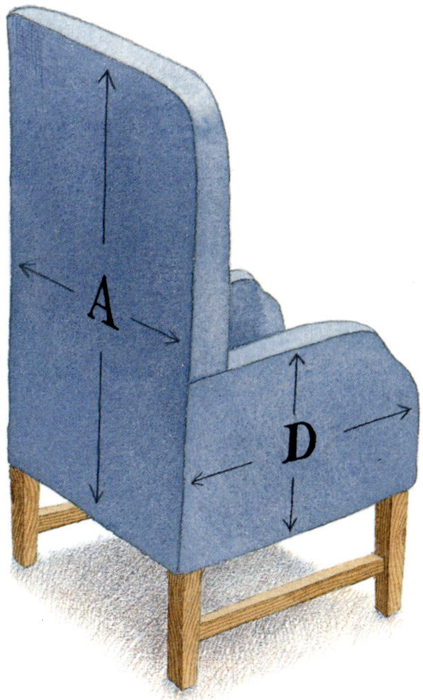

1

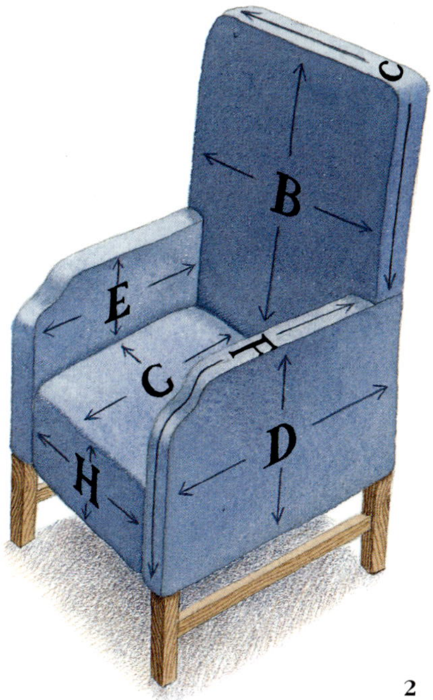

2

3

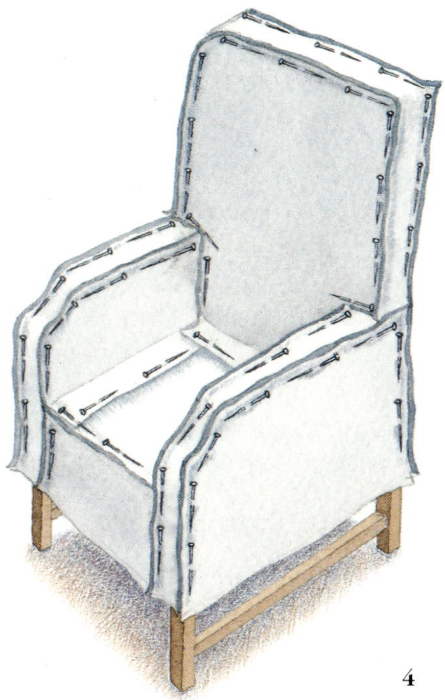
4

GESTEPPTES POLSTER

Dieses schlichte, aber originelle Polster im »Matratzenstil« läßt sich vielseitig verwenden. Auf einen einfachen Klapptisch gelegt (siehe Seite 135), kann man darauf selbst gefertigte Objekte oder seine Lieblingsfunde aus der Natur, wie Muscheln, Federn oder Steine, arrangieren.

Man kann es auf einen Sessel mit einem Schonbezug legen (siehe Seite 110) oder aus zwei, drei Polstern, auf einem Absatz angeordnet, in einem ganz in Weiß gehaltenen Raum eine bequeme, zwanglose Sitzgelegenheit schaffen.

Eine Füllung aus Roßhaar gibt diesen Polstern angenehme Festigkeit; sie sind also nicht nur hübsch, sondern auch bequem. Roßhaar ist jedoch teuer, und obwohl es ein reines Naturmaterial ist, sind manche Menschen dagegen allergisch. Eine Alternative ist Baumwollwatte, mit der sich ein ähnlicher Effekt erzielen läßt.

MATERIALIEN

Handtuchstoff aus Baumwolle
Nähgarn
Stecknadeln
Bleistift
Roßhaar oder Baumwollwatte
Weißer Garnierfaden
Matratzen- und Steppnadel

VORBEREITUNG

Zwei Rechtecke von je 51 mal 65 Zentimetern plus 2 Zentimeter Nahtzugabe an den Längsseiten und 1,25 Zentimeter an den Breitseiten zuschneiden. Vier Kantenstreifen vom ungemusterten Teil des Stoffes zuschneiden, zwei 7,5 mal 65 Zentimeter und zwei 7,5 mal 51 Zentimeter mit je 1,25 Zentimeter Nahtzugabe auf allen Seiten. Zusätzlich werden 24 kleine Quadrate mit je 1,25 Zentimeter Kantenlänge vom selben Stoff benötigt.

ARBEITSSCHRITTE

1 Die Nahtzugabe von 1,25 Zentimetern an den Enden jedes Kantenstreifens umschlagen. Die vier Kantenstreifen zu einem Rechteck auslegen und mit der Nähmaschine an den Ecken, mit den rechten Seiten aneinander, zusammennähen.

2 Beide Stoffrechtecke mit der linken Seite aufeinanderlegen und auf einer Längsseite die Kanten mit Stecknadeln zusammenstecken. Die Stoffquadrate im Abstand von 12,5 Zentimetern darauf legen und ihre Position mit einem Bleistift markieren. An diesen Stellen wird später ein doppelter Faden durchgezogen, um die Füllung zu befestigen und die gesteppte Optik zu erreichen (siehe 5).

3 Eines der beiden großen Rechtecke mit der rechten Seite nach unten legen und auf allen Seiten eine 1,25 Zentimeter breite Nahtzugabe nach oben schlagen. Dieses Teil mit der Maschine rundherum an die Kantenstreifen nähen, die Nahtzugaben an den Enden der Kanten übernähen und die Ecken abschneiden. Mit dem zweiten Rechteck genauso verfahren. Auf einer Breitseite die Naht zum Füllen etwas offenlassen.

4 Die Hülle nach außen stülpen, die Füllung hineingeben und gleichmäßig verteilen. Die Öffnung mit der Hand zunähen.

5 Ein 15 Zentimeter langes Stück weißen Garnierfadens am Ende doppelt verknoten und auf eine Matratzennadel fädeln. An den markierten Steppunkten jeweils ein kleines Baumwollquadrat auf die Außenseite (Stoffoberseite) des Rechtecks legen. Mit der Nadel den Faden durch das Quadrat und die Füllung ziehen, bis er auf der anderen Seite des Polsters herauskommt; dort ein weiteres Stoffquadrat aufziehen und den Faden zurück durch das Polster führen und erneut verknoten. Die Quadrate klappen an den Ecken etwas hoch, so daß sie wie Matratzenknöpfe aussehen.

6 Um die Ränder etwas zu kräuseln, steppt man das Polster rundherum mit weißem Garnierfaden mit der Hand ab. Dazu nimmt man eine dicke Steppnadel und näht mit Vorderstichen 1,25 Zentimeter von den Außenkanten des oberen und unteren Stoffrechteckes sowie 1,5 Zentimeter an den Kantenstreifen entlang. Dadurch erreicht man außerdem, daß die Füllung sich nicht verschieben kann.

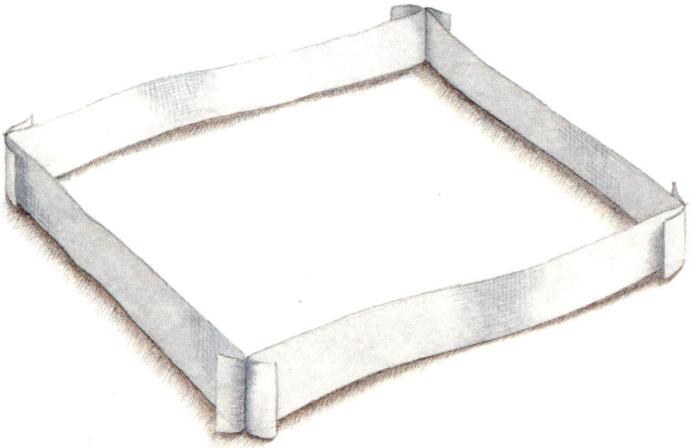

1

2

3

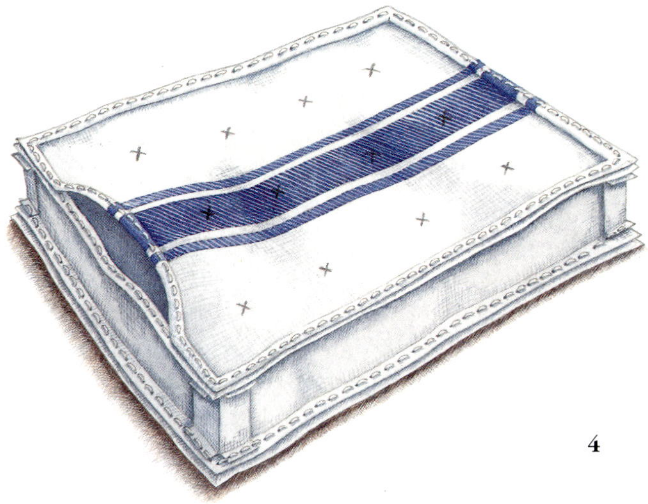

4

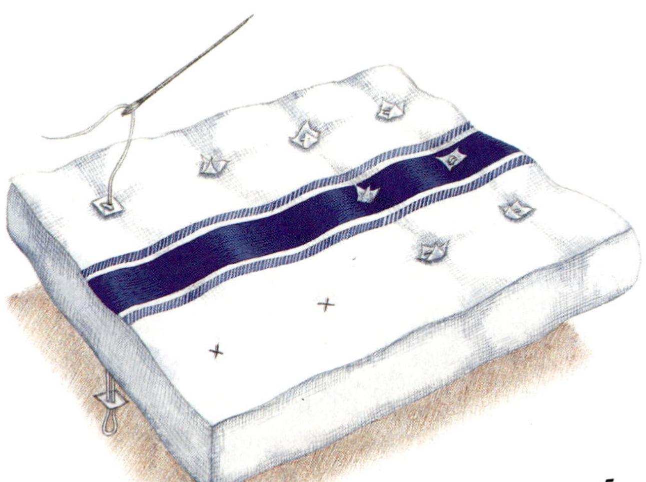

5

DEKORATIVE ARRANGEMENTS

DEKORATIVE ARRANGEMENTS

OBEN: Bei dekorativen, natürlichen Arrangements kommt es in großem Maße auf kontrastierende Texturen an. Zarte weiße Blüten heben sich wirkungsvoll von verwitterten Metallgefäßen, glatten Steinen vom Strand und der Tischplatte aus Holzlatten ab.

RECHTS: Mitbringsel und Fundstücke aus der Natur lassen sich wunderbar in jedes dekorative Arrangement integrieren. Dieser aus Strandgut zusammengesetzte Rahmen paßt herrlich zu der rauhen Struktur der grob verputzten, weiß gestrichenen Wand.

Dekorative Arrangements sind ein entscheidendes Kriterium bei der Raumgestaltung. Was immer man als Blickfang in den Vordergrund rückt, es zieht die Aufmerksamkeit weitaus stärker auf sich als so grundlegende Gestaltungselemente wie Oberflächen und Strukturen. Räume ohne Bilder, Blumen oder dekorative Gegenstände jeder Art können zwar schön sein, doch es fehlt ihnen die persönliche Note und sie wirken unbewohnt. Dekorative Arrangements, die den persönlichen Geschmack und die individuellen Vorlieben der Menschen widerspiegeln, die sie liebevoll zusammengestellt haben, sind nicht nur schmückendes Beiwerk, sie verleihen einem Raum Charakter und Profil.

Optisch reizvolle Details können amüsieren, verblüffen, erstaunen, beeindrukken oder Freude bereiten; entscheidend ist nur, sich mit Dingen zu umgeben, die einem etwas bedeuten. Wenn Bilder an den Wänden oder Objekte auf dem Kaminsims lediglich mittelmäßig und gefällig sind, wird der entsprechende Raum genauso viel Individualität ausstrahlen wie ein geschmackvolles Hotelzimmer.

Natürliche Dekorationselemente erfüllen einen Raum mit Leben. Frische Blumen sind die naheliegendste und üblichste Methode, die Natur ins Haus zu holen. Mitbringsel von Spaziergängen im Grünen oder am Strand können ebenso beziehungsreich sein und halten mitunter länger. Die Möglichkeiten sind unbegrenzt; es kommen viele Dinge in Frage, und sie sind kostenlos. Muscheln und Kieselsteine vom Strand, verwittertes Holz und Samenkapseln – all diese Objekte nehmen auf beredte Weise Strukturen, Farben und Muster auf, die unter den Begriff natürliches Wohnen fallen.

Mit Dingen aus der Natur kann man auch für Abwechslung sorgen und den unterschiedlichen Stimmungen der Jahreszeiten Rechnung tragen. Es gilt lediglich, ihnen einen vorteilhaften Platz zu geben, wo Licht das Wechselspiel von Texturen und Oberflächen zur Geltung bringt. Im Gegensatz zu starren, symmetrischen Effekten sind diese spontanen Arrangements fließend und verleihen unserer Umgebung Lebendigkeit und Schönheit.

ste haften. Vielleicht entwickeln wir auch den Ehrgeiz, die vollkommene Muschel zu finden, die größte Napfschnecke oder den schönsten gewundenen Ast.

Dekorative Arrangements mit Objekten aus der Natur tragen dazu bei, die Erinnerung an derart unwiderstehliche Entdeckungen zu bewahren. In Räumen, die so gestaltet und möbliert sind, daß sie bereits Assoziationen zur Natur hervorrufen, nehmen solche einprägsamen Erinnerungen an »Beutezüge« am Meeresstrand oder im Grünen eine besondere Bedeutung an.

Beim Arrangieren der Funde ist kein großer Aufwand erforderlich – im Gegenteil, je einfacher, desto besser. Große, glatte Steine lassen sich gut als Briefbeschwerer oder als Türstopper verwenden; man kann sie zum Schutz neben einem Kamin einsetzen, sie auf einem Regalbrett aufhäufen oder zu einem kleinen »Kiesstrand« um den Fuß einer Stehlampe anordnen. Für Muscheln kommt in erster Linie die nasse Welt des Badezimmers in Frage; man legt sie in einer Reihe auf die Fensterbank, füllt sie in Gefäße aus klarem Glas oder bringt besonders schöne Exemplare auf einer Kommode zur Geltung. Knorrige Treibholzäste verwandeln einen Kaminsims in einen Sockel für Skulpturen.

Funde aus der Natur

Schätze aus der Natur, wie Muscheln, Steine und Treibholz, kann man zwar kaufen, doch eigentlich ist das nicht der Sinn der Sache. Der Entdeckerstolz, einer der frühesten und langlebigsten Genüsse des Lebens, verleiht gefundenen Objekten ihre ganz besondere Bedeutung. Wenn wir wissen, an welchem Strand oder in welchem Wald wir unseren Fund gemacht haben, ist die Freude an solchen Trophäen um so größer. Viele Menschen bringen aus dem Urlaub oder von einem Wochenendausflug Unmengen von »Fundsachen« mit. Statt solche Erinnerungsstücke einfach wegzuwerfen, kann man sie leicht zu Dekorationszwecken in der Wohnung verwenden und sich an ihren urwüchsigen Eigenschaften und den Assoziationen, die sie auslösen, erfreuen.

Kinder sind beim Sammeln meist recht ungehemmt und wahllos. Doch wir können beim Durchstöbern von Treibgut am Strand oder beim Spaziergang über frisches Herbstlaub auf einem kleinen Waldweg unsere Suche etwas selektiver gestalten. Glatte Kieselsteine, die von einem Quarzstreifen durchzogen werden, oder Steine, die so ausgewaschen und durchlöchert sind, daß sie an Plastiken von Henry Moore erinnern, sind ein hinreißender Anblick. Wir können am Meer nach Strandgut suchen, nach Stücken von verwittertem Holz, an dessen aufgeweichten Konturen noch abblätternde Farbre-

GANZ LINKS: Dieses Arrangement lebt vom harmonischen Zusammenspiel der einfachen Texturen. Tonvasen und Treibholz ergänzen die abgeblätterte Oberfläche des Schranks vom Trödelmarkt und die gebrochenen Farben des Gemäldes.

LINKS OBEN: Die Beute, die ein Strandläufer von seinen Streifzügen mitbringt, bildet eine unerschöpfliche Inspirationsquelle. Diese Fundsachen lassen sich ohne viel Aufwand arrangieren: je schlichter, desto besser.

LINKS: Zwanglos kombinierte Dekorationselemente lassen einen Raum lebendiger wirken. In der Nähe eines Fensters kommen ihre unterschiedlichen Texturen besonders gut zur Geltung.

Arrangements mit Pflanzen

Blumen sind das einzige natürliche Dekorationselement, das praktisch jeder irgendwann einmal zu Hause hat. Doch einige Blumen sind in gewisser Weise natürlicher als andere. In den letzten Jahren hat sich die Floristenbranche von den steifen, strengen Gestecken aus makellosen Gewächshausblumen verabschiedet. Heute haben sich die lockeren, spielerischen Arrangements durchgesetzt, die an die Urwüchsigkeit eines ländlichen Gartens erinnern. Wie in einem Bauerngarten können sie alles mögliche umfassen: Früchte, Beeren, Gemüse, also fast alles, was die Pflanzenwelt bietet.

Frische Blumen wirken am natürlichsten, wenn sie der Jahreszeit entsprechen und aus heimischen Gefilden stammen. Die Gartenbauindustrie ist in den letzten Jahren sehr viel leistungsstärker geworden und beliefert Floristen mit allerlei Neuheiten wie beispielsweise exotischen Gewächsen, die aus tropischen Ländern eingeflogen werden, mit Frühjahrsblumen im tiefsten Winter sowie das ganze Jahr über mit den beliebtesten Blumen. Da Blumen heute ständig erhältlich sind,

Ganz links: Blumen stellen eine ganz unmittelbare Verbindung zur Natur her. Üppige Sträuße von Sommerblumen vor einem alten Spiegel holen die Fülle eines Bauerngartens ins Haus.

Mitte links: Allium *mit seinen purpurroten Blüten und langen, dünnen Stengeln greift die schlichten Linien der Metallfiguren und Hufeisen wieder auf.*

Links: Wiesenblumen in verwitterten Gefäßen bringen einen Hauch ländlicher Frische ins Haus.

Unten: Sonnenblumen und reifende Kürbisse erinnern an eine reiche Ernte.

verlieren wir das Gefühl für ihre jahreszeitliche Bedeutung. Die ersten Schneeglöckchen, wenn der Winter milder wird, die üppigen, berauschenden Blüten zu Anfang des Sommers, die dunklen Töne der Astern gegen Ende des Jahres zeugen vom Wechsel der Jahreszeiten und wirken gerade deshalb um so schöner. Der Jahreszeit entsprechende Blumen haben auch den Vorteil, daß sie häufig preiswerter sind als solche, die außerhalb ihrer natürlichen Wachstumsperiode kultiviert werden, und wir sie uns in größeren Mengen und öfter kaufen können.

Zweige und Äste, Blätter von Efeu und anderen immergrünen Pflanzen, Winterbeeren, Kiefernzapfen, Samenkapseln und Herbstlaub erweitern das Spektrum zusätzlich. Viele dieser Materialien kann man im Garten oder auf einem Spaziergang im Grünen sammeln, doch das Pflücken von Wildblumen oder das Abbrechen von Ästen und frischen Zweigen in Parks und im Wald gilt als mutwillige Zerstörung der Natur und ist verboten.

Getrocknete Blumen und Samenkapseln werden von jeher zu Dekorationszwecken während der mageren Zeiten des Jahres, wenn der Garten ruht, benutzt.

Manche Trockenblumen sehen jedoch merkwürdig künstlich aus; die herkömmlichen Sträuße mit Grasnelken und Immortellen wirken so natürlich wie Plastik- oder Seidenblumen. Da gibt es weitaus hübschere Möglichkeiten. Getrocknete Rosenblüten, Lavendel oder Hortensien, die mit ihren papierdünnen Blütenblättern und zarten Pastellfarben manchmal noch schöner sind als ihre frischen Pendants, lassen sich in großen Mengen zu dichten Winterarrangements zusammenstellen. Auch Samenkapseln von Pflanzen, wie beispielsweise Mohn oder Eukalyptus, sind für diesen Zweck ideal.

Für Blumen und Blätter sollte man Gefäße nehmen, die sie vorteilhaft zur Geltung bringen. Als improvisierte Behälter eignen sich die unterschiedlichsten Gegenstände, denn sie müssen nicht unbedingt wasserdicht sein. Blumen kann man in mit Wasser gefüllten Einmachgläsern arrangieren, die dann in einen Korb, in unglasierte Terrakottaübertöpfe, Blumentöpfe, flache Gartenkörbe, Farbdosen oder auf Holztabletts gestellt werden. Verzinkte Eimer und Gießkannen bilden einen originellen Gegensatz zu zarten weißen Blumensträußen.

Bei Zimmerpflanzen muß man sich schon mehr Mühe geben, damit sie im Vergleich zu ihren Verwandten aus dem Garten keinen jämmerlichen Eindruck machen. Wie Objekte, so sehen kleine bis mittelgroße Pflanzen häufig hübscher aus, wenn man sie zu mehreren zusammenstellt, beispielsweise auf einem Regal aus Metall oder einer sonnigen Fensterbank, wo sie wie ein Garten im Zimmer wirken können.

Ein einsamer Strauch in einem Beet würde ausgesprochen fehl am Platze wirken, und ebenso verhält es sich mit Zimmerpflanzen. Wenn man sie miteinander arrangiert, sollte man die Grundkomposition und ihre harmonische Anordnung im Auge behalten. Zarte Pflanzen wie Kräuter, duftender Storchschnabel *(Geranium)*, Feigenbaum *(Ficus)*, Drehfrucht *(Streptocarpus)* und verschiedene Farnarten wirken in gemäßigten Zonen natürlicher und sind damit passender als die offensichtlich exotischen und tropischen Arten, die einem Raum häufig einen etwas fremdartigen Charakter verleihen.

Dekorative Zusammenstellungen

Als Krönung des Kamins, des traditonellen Zentrums des Hauses, ist der Kaminsims zum klassischen Hausschrein geworden, wo Blumen, Erinnerungsstücke und dekorative Objekte aller Art ausgestellt werden. Zudem befindet sich der Kaminsims in praktischer Augenhöhe, wodurch alles, was man dort plaziert, besser zur Geltung kommt und stärker ins Blickfeld rückt. Der Kamin selbst ist ebenfalls ein ausgezeichneter Ausstellungsplatz. Große afrikanische Körbe, verkrustete Terrakottavasen oder üppige Arrangements aus beerenbesetzten Ästen, Blumen und Blättern können genauso schön wirken wie ein echtes Feuer. Wichtig ist, daß die Proportionen stimmen – winzige Arrangements in Bodenhöhe sehen verloren aus.

Auch Fensterbänke, Regale und Tische eigenen sich gut für dekorative Accessoires. Die Fensterbank ist ideal für Gegenstände, die durch Lichteinfall besser zur Geltung kommen, wie Buntglas, alte Flaschen und Bleiglasscheiben. Recyceltes Glas hat eine schöne geriffelte Struktur, die Gegenlicht hervorhebt.

Dekorative Elemente fallen häufig wirkungsvoller ins Auge, wenn sie je nach Thema in größeren Arrangements präsentiert werden. Man sollte es mit verschiedenen Farben und Texturen versuchen oder Objekte zusammenstellen, die in Herkunft, Machart und Material gleich sind. Das Experimentieren mit unterschiedlichen Arrangements und Plätzen hält ihre Wirkung frisch und lebendig.

In Japan werden vielfach beeindrukkende Effekte erreicht, indem man ein einziges Blumenarrangement, einen Kunstgegenstand oder ein Gemälde mit einem ansonsten leeren Raum kontrastiert. Nischen oder Alkoven sind die Orte, die traditionellerweise für solche Objekte vorgesehen sind. Durch Variieren der ausgestellten Dinge, zum Beispiel durch Austausch einiger Blütenzweige gegen eine Keramikschüssel, wird die schöne Wirkung niemals monoton.

LINKS: Gedämpftes Blau bestimmt den Charakter dieser »Fensterlandschaft«. Farbe ist eines der einfachsten Gestaltungsmittel, um in einem Arrangement einen thematischen Schwerpunkt zu setzen, denn sie kann so unterschiedliche Elemente wie Blumen, Teller und Vorhänge in Bezug zueinander setzen.

OBEN: Aus Holz vom Strand lassen sich beziehungsreiche natürliche Rahmen fertigen. Durch die Zusammenstellung ähnlicher Objekte, Bilder oder Blumen erzielt man eine interessantere Wirkung als mit einzelnen Dingen, die man im ganzen Raum verteilt.

Auch wenn die Wohnräume in der westlichen Welt nicht so minimalistisch eingerichtet sind wie die in Japan, können wir doch ein Gespür für das, was wir ausstellen, entwickeln, indem wir Gegenstände mal mehr, mal weniger in den Vordergrund rücken, ja sogar manche für eine Weile ganz aus dem Blickfeld nehmen. Um das Wahrnehmungsvermögen nicht zu ermüden, sollte man Dekorationselemente in der Diele, auf dem Treppenabsatz oder an anderen Übergangsstellen plazieren, wo man sie mit einem Blick kurz streift, aber nicht eingehend betrachtet, so daß man sich länger an ihnen erfreuen kann.

Weniger kann auch mehr sein, wenn man die Wände als Präsentationsflächen nutzt. Dicht nebeneinander aufgehängte Bilder sind durchaus akzeptabel, solange rundherum genügend Platz ist, damit keine klaustrophobische Wirkung entsteht. Strichzeichnungen, Schwarzweißdrucke und -fotos besitzen eine dezente Eleganz, die ausgezeichnet mit dem natürlichen Wohnstil harmoniert. Land- und Seekarten sorgen für eine interessante graphische Note. Überdimensionale Lithographien in leuchtenden Farben heben sich deutlich gegen einen blassen Hintergrund ab und beleben zurückhaltende oder neutrale Interieurs. Eine plastischere Wirkung erzielt man mit Hüten, Körben, Masken oder Stoffen an den Wänden, aber auch mit Collagen in Glaskästen.

Damit ein natürliches Ambiente entsteht, ist der Rahmen beinahe genauso wichtig wie das Bild oder Objekt, das er enthält. Selbstgemachte Rahmen aus Wellpappe, verwitterten Brettern oder Treibholz, Mosaik- oder Spiegelglas, gestanztem Blech oder gehämmertem Metall bieten eine angenehme Abwechslung zu den üblichen lackierten, gebeizten oder lasierten Holzrahmen. Interessante Rahmen findet man auch in Trödelläden oder auf Flohmärkten, meist mit wertlosen Bildern darin, die man wegwerfen kann. Auf diese Weise bekommt man preiswertere und originellere Rahmen als im Fachgeschäft für Bilderrahmen.

Festliche Anlässe

Jedes Fest bietet Gelegenheit, in den eigenen vier Wänden für Abwechslung zu sorgen und die passende Stimmung zu erzeugen. Neben den offiziellen Festtagen wie Weihnachten, Neujahr und Ostern kann man auch andere festliche Ereignisse zum Anlaß nehmen, seine Kreativität zu entfalten. Geburtstage, Essenseinladungen, Hochzeiten und Familienfeiern verdienen es, die Räume mit ganz besonderen Dekorationen auszustatten.

Für ein »natürliches« Weihnachtsfest schmückt man den Baum mit aromati-

Ganz links: In ausgefallenen Ecken und Winkeln, die sich nicht in Augenhöhe befinden, kann man dekorative Objekte wirkungsvoll arrangieren. Die weiß gestrichene Umrahmung einer Landhaustür bietet sich als Stellplatz für eine Reihe Majolika-Schüsseln geradezu an.

Links: Objekte aus Metall, Porzellan, Steingut und geschnitztem Holz bilden auf diesem Tisch ein Arrangement mit einem Hauch von Fernost. Die Tischlampe mit Papierschirm und Metallbeinen erinnert an die Formen von Isamu Noguchi und ist ein moderner Klassiker.

schen Zimtstangen, Zitrusfrüchten, bespickt mit Gewürznelken, Lebkuchenplätzchen, Sternanis und geflochtenem Raffiabast. Man kann in Töpfen gezogene Weihnachtsbäume kaufen, die man später im Garten einpflanzt. Wer die traditionelle gefällte Fichte bevorzugt, sollte sie nach dem Fest von speziellen Recyclingfirmen zu Mulch zerkleinern lassen.

Zu den natürlichen Verpackungsmaterialien gehören recyceltes Papier, gewöhnliches braunes Packpapier, individuell verziert mit Schwamm- oder Kartoffeldruckmustern, farbiges Zeitungspapier und Geschenkbänder aus Gaze, Tüll oder Musselin. Pakete verschnürt man mit Raffiabast, Zwirn oder Kordel und dekoriert sie mit Samenschoten, Tannenzapfen, Stechpalmenzweigen oder Blättern.

Den Mittelpunkt vieler Feierlichkeiten bildet der Tisch. Als Tischdecke ist weißer Damast kaum zu übertreffen, doch auch improvisierte Decken aus Papier, die unter dem Tisch mit Kreppband befestigt werden, oder aus preiswerten Stoffen wie Kaliko oder Musselin erfüllen ihren Zweck. Solche Materialien kann man leicht selbst färben oder mit Stoffarbe bemalen.

Obst und Gemüse aus der jeweiligen Jahreszeit, in farbenfrohen Keramikschüsseln, auf Servierplatten oder einem Teller aus Blättern angerichtet, sind eine appetitanregende Dekoration in der Mitte des Tisches. Zitronen, arrangiert in einer indigoblauen Tonschüssel, glänzende purpurfarbene Auberginen auf einem mit Schnitzereien verzierten Holzteller oder Limonen in einem Drahtkorb sorgen für einen festlichen Farbakzent, der es mit den meisten ausgefallenen Blumenarrangements aufnehmen kann. Sanftes flackerndes Kerzenlicht macht aus jedem Ereignis ein ganz besonderes Fest. Kerzen gibt es in jeder erdenklichen Größe und Dicke; Bienenwachskerzen verströmen einen zarten Duft. Teelichter kann man wie Windlichter in mit Wasser gefüllten Schüsseln treiben lassen oder in bunte Gläser stellen.

Alltägliche Dinge

Optisch reizvoll kann im Grunde alles sein, was uns gerade ins Auge fällt. Die

LINKS: Obst und Gemüse eignen sich für appetitanregende Arrangements. Ein randvoll mit Orangen gefülltes, leuchtendgelb glasiertes Terrakottagefäß sorgt für einen erfrischenden Farbtupfen.

OBEN: Farbenfrohe Zitronen und Limonen, an Geschenkbändern aufgehängt, sind eine interessante Abwechslung zu den traditionellen Christbaumkugeln.

RECHTS: Recyceltes Papier, in das Halme, Blüten und Blatteile eingebettet sind, ist eine beziehungsreiche Geschenkverpackung. In dieser Schachtel aus recycelter Pappe liegen beispielsweise die Geschenke auf einem Bett aus frischem Herbstlaub.

OBEN: Flackerndes Kerzenlicht an einem Winterabend verbreitet eine heimelige Atmosphäre. Wie andere Objekte wirken auch Kerzen interessanter, wenn man sie zu mehreren aufstellt.

RECHTS: Dekorativ arrangierte, natürliche Objekte lenken die Aufmerksamkeit auf Dinge des täglichen Gebrauchs.

Dinge des täglichen Gebrauchs – Papierkorb, Wäschekorb, Scheuerbürste, Küchengeräte, Türklinken und -griffe – lassen sich nicht immer unsichtbar machen. Doch wenn derlei elementare Dinge des Haushalts gut aussehen, gibt es eigentlich auch keinen Grund, sie zu verstecken. Gerade bei der täglichen Haus- oder Gartenarbeit sind meist synthetische Materialien im Gebrauch, die oft sehr häßlich sind. Wenn man jedoch ein paar Dinge austauscht, kann man die natürliche Ästhetik der herkömmlichen Gebrauchsgegenstände erweitern. In Haushaltswarengeschäften bekommt man emaillierte oder feuerverzinkte Eimer, Wannen und Gießkannen, Bürsten aus Holz und Borsten, Reisigbesen und Terrakottablumentöpfe. Holzwäscheständer, aus Weide geflochtene Wäsche- und Papierkörbe sind ebenso hübsch wie praktisch. Im Badezimmer gehören Naturschwämme, Bimsstein und Luffaschwämme zu den natürlichen Badeutensilien. Lichtschalter, Türklinken und andere Dinge dieser Art aus Metall oder Porzellan sind weitaus ansprechender als ihre Pendants aus Plastik.

Als Ablage von Schriftsachen oder Behälter für Werkzeug und andere Dinge eignen sich unter anderem einfache Stapelkartons, Schubladen oder -fächer aus recycelter und recycelbarer Pappe, verzinktem Metall und unbehandeltem Kiefernholz. Diese vielseitigen und neutralen Behälter sind auch gut in Wohn-, Schlaf- und Arbeitszimmern sowie in Ateliers und Werkstätten verwendbar. Nahrungsmittel kann man in dekorative Gefäße aus Glas oder Ton, Metallkanister oder irdene Töpfe umfüllen. Leere Konservendosen lassen sich nach dem Entfernen des Etiketts zu praktischen Behältern für Bleistifte, Kugelschreiber und Pinsel umfunktionieren. Regelmäßig gebrauchtes Werkzeug kann man an Drahtgestellen, Metallschienen oder Holzbrettern aufhängen, was schlicht aussieht und zugleich praktisch ist.

Mit Gebrauchsgegenständen, die haltbar und funktional sind, steht sogar unser Alltag im Zeichen der Natur.

Haushaltswarengeschäfte und Eisenwarenläden sind eine gute Bezugsquelle für traditionelle Haushaltswaren wie verzinkte Eimer und Gießkannen, Reisigbesen und Bürsten, emaillierte Wannen, Kännchen und Schüsseln.

WANDSCHRANK

Alten Arzneischränken aus Metall, Aluminiumdosen, Zinkkästen oder sogar Aktenschränken, ob nun an der Wand befestigt oder frei stehend, kann man mit Hilfe von einfachem Auslegepapier eine dekorative, wie Pergament wirkende Oberfläche verleihen. Der in diesem Beispiel verwandte Arzneischrank aus Metall war ursprünglich leuchtendrot lackiert. Das Endergebnis ist eine hübsche, matt strukturierte Oberfläche, eine Technik, mit der man die Oberflächen in jedem Raum wie natürlich gealtert erscheinen lassen kann.

MATERIALIEN

Alter Arzneischrank aus Metall
Auslegepapier (die doppelte Größe der gesamten Schrankoberfläche)
Tapetenkleister
2 verschiedene Töne (hell und dunkel) braune Dispersionsfarbe (Latexfarbe)
5 cm breiter Pinsel
Wandfüllstoff
Gips
Schleifpapier

VORBEREITUNG

Den Schrank abwaschen und gründlich trocknen. Danach anschleifen, um die Oberfläche aufzurauhen.

ARBEITSSCHRITTE

1 Mit Tapetenkleister kleine Stücke Auslegepapier auf die gesamte Schrankfläche kleben, so daß die Stücke sich überlappen und ein marmorierter Effekt entsteht.

2 Sobald der Kleister getrocknet ist, den Schrank mit der hellbraunen Farbe, gemischt mit etwas Wandfüllstoff, streichen. Trocknen lassen. Dann die gesamte Schrankfläche mit einer Schicht Gips bedecken.

3 Die dunkelbraune Farbe mit Wandfüllstoff zu einer dünnen Paste vermischen. Eine dünne Schicht auftragen, trocknen lassen. Sobald die Schicht hart ist, die Oberfläche stellenweise mit Schleifpapier anschleifen, damit die Farbschichten durchscheinen und die Oberfläche aussieht, als hätte sie eine poröse, alte »Patina«.

1

2

3

OBJEKTE AUS MODELLGIPS

Gipsabgüsse von alltäglichen Gegenständen sind eine interessante Dekoration für den Kaminsims oder die Fensterbank, man kann sie aber auch an die Wand hängen. In der Nähe einer Lichtquelle wirken sie auffälliger, und wenn man zwei oder drei Abgüsse zusammen arrangiert, bilden sie als Wand- oder als Fußbodendekoration eine Einheit. Im Badezimmer lehnt man sie am besten gegen Rohrverschalungen. Am schönsten wirken einfache Objekte mit ausgeprägten Formen.

MATERIALIEN

Dekorationsobjekt (z.B. Glas oder Löffel)
Knetmasse
4 Brettchen aus Holzresten
Kreppband
Spezieller Flüssiggummi zur Herstellung der Form (erhältlich in Bastelgeschäften oder Geschäften für Künstlerbedarf)
Modellgips

ARBEITSSCHRITTE

1 Den ausgewählten Gegenstand fest in ein Bett aus Knetmasse drücken. Einen hohlen Gegenstand zuvor mit Knetmasse füllen, damit ein »positiver«, das heißt ein massiver Abdruck entsteht.

2 Die 4 Holzbrettchen mit Kreppband zusammenkleben; der Rahmen sollte höher als der Gegenstand sein, und zwischen Rahmen und Objekt sollten auf allen Seiten 2,5 bis 5 Zentimeter Platz bleiben.

3 Das Objekt mit der Unterlage aus Knetmasse in den Holzrahmen geben. Den Flüssiggummi für die Gußform in den Rahmen gießen, so daß der Gegenstand vollständig bedeckt und der Rahmen gefüllt ist. (Die Flüssigkeit härtet schnell und sollte deshalb nicht auslaufen, sicherheitshalber eine Schale unterstellen.) Etwa 30 Minuten durchhärten lassen; dann das Objekt aus dem Rahmen nehmen.

4 Das entstandene »Negativ« aus Gummi ist die Gußform. Die Form mit Gips füllen; in 30 Minuten hart werden lassen. Den Gipsabguß aus der Form lösen.

1

2

3

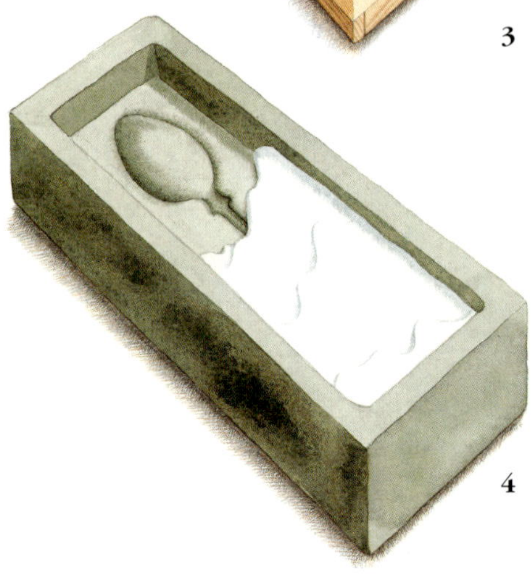

4

KRANZ AUS SEETANG

Kränze, ein Klassiker unter den Dekorationselementen, haben nicht nur eine lange Tradition im Haushalt, sondern sie symbolisieren auch in ganz unterschiedlichen Formen den »Kreislauf des Lebens«. Dieser Kranz aus Seetang ist schnell und einfach gemacht. Man sollte am Strand nach verschiedenen Seetang-Arten Ausschau halten, damit man unterschiedliche Strukturen und Farbtöne erhält: grün, ockergelb und gelbbraun.

Wer nicht gerade in Strandnähe lebt, kann den Kranz aus anderen natürlichen Materialien herstellen: Vergoldete Eichenblätter und getrocknete Samenschoten, Federn oder sonnengebleichte Zweige sind eine sinnvolle Wiederverwertung von Resten aus der Natur.

MATERIALIEN

Blumendraht, mittlere Stärke
Drahtschere
Getrockneter Seetang
Bast

ARBEITSSCHRITTE

1 Mit der Drahtschere 4 oder 5 Stücke Blumendraht abschneiden und daraus einen Kranz von etwa 25 Zentimeter Durchmesser formen. Den Kranz in Abständen mit 4 kürzeren Stücken Draht zusammenbinden, damit er fest und steif wird.

2 Die Seetangstengel zwischen die Drähte stecken, um sie zu befestigen. Dann den gesamten Drahtkranz mit längeren Baststücken fest umwickeln (die Enden jeweils einarbeiten).

3 Den Seetang, falls nötig, mit weiteren kleinen Baststücken zusätzlich befestigen. Zum Aufhängen ein Extrastück Bast an den Kranz binden oder den Kranz einfach an einem Bilderhaken im Bade-, Schlaf- oder Wohnzimmer aufhängen.

1

2

3

UMWELTFREUNDLICHE RAUMGESTALTUNG

Es gibt zahlreiche Möglichkeiten, umweltfreundlicher zu wohnen, ohne daß wir unseren Lebensstil von heute auf morgen radikal verändern müssen. Wer sich dem Thema langsam annähert, der wird mit der Zeit feststellen, daß es ganz einfach ist, die eigenen vier Wände unter ökologischen Gesichtspunkten zu gestalten. Nach einer Umgewöhnungsphase wird man an natürlichen Alternativen zunehmend Freude gewinnen und auf künstliche, übertrieben luxuriöse und umweltschädliche Dekorationselemente verzichten.

RECYCLING

Man sollte niemals neue Materialien verwenden, wenn sich alte wiederverwerten lassen. Für neue Möbel oder Einrichtungsgegenstände greift man deshalb auf wiederverwertete Rohmaterialien zurück und sucht für Holz, Stoff und Papier neue Anwendungsbereiche im Haus.

Der im Haushalt anfallende Abfall muß getrennt und gesammelt werden. Für Zeitungen, Glas, Konservendosen, Plastikflaschen und Essensabfälle kann man einen kleinen Bereich in der Küche oder im Garten zu diesem Zweck einrichten. Für Glas und Blech oder zum Kompostieren im Hause gibt es inzwischen auf dem Markt ein großes Sortiment speziell dafür vorgesehener Behälter. Man kann solche Behälter aber auch selbst herstellen.

VERWENDUNG VON NATÜRLICHEN MATERIALIEN

Auswahl der Produkte für die Innendekoration

Im Bereich der umweltfreundlichen Farben, Lacke, Beizen, Lasuren, Tapetenkleber und Grundier- oder Spachtelmassen herrscht allenthalben Verwirrung und ein großes Informationsdefizit. Doch eine kleine, aber wachsende Anzahl von Firmen ist bereit, die einzelnen Bestandteile ihrer Produkte zu deklarieren. Wenn möglich, sollte man Produkte verwenden, deren Herkunft und Zusammensetzung auf der Packung angegeben sind, und keinesfalls auf Artikel in braunen Papierverpackungen mit dem Aufdruck »umweltfreundlich« hereinfallen, denn das heißt im Grunde genommen noch gar nichts.

Holz

Es gibt Schreiner, die nach Möglichkeit verwertbares Altholz verarbeiten, so beispielsweise Holz von jahrhundertealten Bäumen mit Sturmschäden, alte Fußbodendielen aus Kiefernholz und ausrangierte Möbel aus Schulen, Privathäusern oder Kirchen.

Papier

Tapeten, Lampenschirme und Schreibwaren aus Altpapier werden im Handel entsprechend der Nachfrage nach umweltfreundlichen Artikeln in immer stärkerem Maße angeboten. Aus recyceltem Papier lassen sich hübsche Objekte aus Pappmaché wie auch Wanddekorationen (siehe Seite 38) anfertigen; Lampenschirme aus Altpapier geben ein weiches, gelbliches Licht.

Matten oder Teppiche

Statt Teppiche kann man natürliche Bodenbeläge aus Coir, Seegras, Sisal und Jute verwenden. Der Rücken von Teppichen, wenn sie nicht gerade aus reiner Wolle bestehen und unbehandelt sind, enthält

meist gesundheitsschädliche Reizstoffe, und viele Teppiche werden routinemäßig mit Insektiziden behandelt. Sogar bei Teppichen aus reiner Wolle werden manchmal petrochemische Mottenschutzmittel eingesetzt. Wer sich mit Mattenbelägen nicht anfreunden kann, sollte einen Wollteppich wählen, der garantiert unbehandelt ist.

WÄNDE

Auswahl natürlicher Anstriche

Seit sich bei den Verbrauchern zunehmend die Erkenntnis durchsetzt, daß lösemittelhaltige Anstriche aufgrund ihrer petrochemischen Substanzen gesundheitsschädlich sein können, wird der Markt von neuen »umweltfreundlichen« Farben und Lacken und verwandten Produkten überschwemmt. Doch die Unterschiede zwischen dem Traditionellen, historisch Echten und ökologisch Vernünftigen sind nicht mehr klar auszumachen, zumal einige Firmen behaupten, die Verwendung ihrer Produkte sei unbedenklich, da sie vor zwei Jahrhunderten die Norm darstellten.

Traditionell bedeutet nicht zwangsläufig unbedenklich. Hier sind einige Erläuterungen angebracht. Alle Anstriche bestehen aus einem Farbmittel (Pigmente oder

Farbstoffe), einem Bindemittel (damit das Farbmittel am Untergrund haftet) und einem Lösemittel (das den Anstrichstoff bis zur Verwendung streichfähig hält). Der Hauptunterschied zwischen wasserverdünnbaren Anstrichstoffen und lösemittelhaltigen Lackfarben liegt in der unterschiedlichen Umweltbelastung durch die Verdunstung der Lösemittel.

Anstriche auf Wasserbasis

Diese Farben werden zum Streichen von Innenwänden benutzt. Dispersionsfarben auf Wasserbasis können mit Wasser verdünnt werden, etwa zwei Teile Farbe auf einen Teil Wasser, wenn man zum Beispiel einen dünnen Farbanstrich für Wände und Möbel möchte. Dieser sollte mit einer Naturlasur überzogen werden (siehe rechts). Wer eine weniger glatte Oberfläche bevorzugt, kann den Anstrich aber auch unbehandelt lassen. Einige wenige Firmen bieten heute auch wasserverdünnbare Glanzlacke und Seidenglanzlacke sowie Dispersionslackfarben beziehungsweise Acrylfarben an.

Ölfarben

Diese Farben beziehungsweise Lacke eignen sich hervorragend für Holzanstriche im Innen- und Außenbereich, es handelt sich jedoch um Produkte aus nichtrecycelbaren Rohstoffen. Eine Alternative sind ökologisch unbedenkliche Farben auf Leinölbasis. Wer sich jedoch für Farben auf Kunstharzbasis entscheidet, sollte sie sparsam und stets nur in gut gelüfteten Räumen verwenden.

Leimfarbe

Leimfarbe, ein traditionelles Wandanstrichmittel, ist heute bei Fachleuten sehr beliebt. Sie ist ökologisch unbedenklich – sie besteht hauptsächlich aus Kreide, Wasser und Leim –, hat aber den Nachteil, daß sie nicht abwaschbar ist und sich nicht mit Dispersionsfarben überstreichen läßt. Da die Wände aber gasdurchlässig bleiben, verwendet man sie am besten auf einem frisch verputzen Untergrund. Ein weiterer Grund für die Renaissance der Leimfarbe – trotz der Nachteile – ist, daß sich mit ihr unter Beimischung von Künstlerfarben oder anderen Pigmenten kräftige, texturierte, kreidige Farbtöne erzielen lassen, wie man sie bei industriell gefertigten Dispersionsfarben nicht findet (siehe Rezept für Leimfarbe auf Seite 36).

Kaseinfarbe

Dies sind wasserverdünnbare Farben, die Kasein (ein Milcheiweiß) enthalten. Solche Anstriche erzeugen auf Holz und Wänden eine schöne matte, texturierte Oberfläche. Kaseinfarben sind umweltfreundlich.

Kalkfarbe

Die auch als »Tünche« bekannte echte Kalkfarbe zählt wohl zu den verkanntesten »traditionellen« Wandanstrichmitteln. Sie besteht aus gelöschtem Kalk (Calciumhydroxid) und Wasser und hat den Vorteil, daß die Wände gasdurchlässig bleiben. Sie erzeugt eine hübsche matte Oberfläche und läßt sich auch mit Farbpigmenten abtönen. Der Nachteil von Kalkfarbe ist, daß sie ätzend wirkt und daher nur auf mineralischen Untergründen und nicht auf synthetischen Anstrichen aufgetragen werden kann. Am besten eignet sie sich für Außen- und Innenwände, die gasdurchlässig bleiben müssen. Auf feuchte Wände aufgetragen, bilden sich auf der Oberfläche Calcitschichten. Einige Hersteller produzieren eine Kalkfarbe, die weniger ätzend ist als die nach traditionellem Rezept hergestellte.

FENSTER UND TÜREN

Naturklarlacke

Eine gute Alternative zu den Dämpfe absondernden Polyurethanlacken sind Lacke auf Naturharzbasis, wie beispielsweise Lärchen- oder Kopalharze, in Verbindung mit Terpentinöl und Pigmenten. Man kann auch Bernsteinlack verwenden; er erzeugt einen tiefen Glanz und altert schön.

Schellack ist ein natürliches Harz, das von der Lackschildlaus produziert wird. Er erzeugt einen dünnen Lackfirnis, der sich als Schutzbeschichtung für Holzmöbel verwenden läßt. Eine Schicht Schellack verhindert die Ausdünstung schädlicher Stoffe aus Holzspan- und Holzfaserplatten.

Leinöl ist ein blaßgelbes Nebenprodukt bei der Flachsverarbeitung und bildet die Grundlage für viele Naturlacke. In Verbindung mit Terpentinöl wird es zur Herstellung von Glanzlackfarbe verwendet. Es kommt auch in Möbelpolituren vor.

Naturwachs

Bei regelmäßiger Behandlung mit Bienenwachs behält Holz seine schimmernde Oberfläche. Es ist ein reines Naturmaterial und schützt neues und restauriertes Holz im Innenbereich, und zwar sowohl Möbel und Türen als auch Fußböden.

Natürliche Holzbeizen

Diese Beizen basieren auf natürlichen Farbstoffen und werden mit dem Pinsel auf das Holz aufgetragen. Nach dem Trocknen trägt man eine Abschlußschicht auf, der ein Beizenkonzentrat zugegeben wird.

Natürliche Verdünnungsmittel

Sie enthalten reine pflanzliche Lösemittel (Terpenkohlenwasserstoffe), zum Beispiel aus Zitrusfruchtschalen oder Kiefer, und können zum Reinigen von Pinseln oder zum Verdünnen von Beizen, Wachsen, Klarlacken, Grundiermassen und Ölfarben verwendet werden.

UMWELTBEWUSSTER UMGANG MIT HOLZ

Auswahl von Holz

Bei der Auswahl von neuem Holz für die Wohnung sollte vor allem auf dessen Herkunft geachtet und nach Möglichkeit einheimisches Holz verwendet werden. Bäume aus kontrollierten Waldbeständen forstet man stets in dem Maße auf, wie sie gefällt werden, und einheimisches Holz bedeutet geringere Transportkosten und daher weniger Energieverbrauch. Beim Kauf von Holz sollte man sich deshalb beim Händler erkundigen, wo es herkommt.

Manche Harthölzer aus Europa oder Nordamerika, wie Eiche, Esche, Buche, Pappel, Ahorn und Walnuß, stammen aus kontrolliertem Anbau und sind neben den preiswerteren Weichhölzern für Schreinerarbeiten im Außenbereich geeignet. Man sollte jedoch nach Möglichkeit von tropischen Harthölzern, beispielsweise Teak aus Indonesien und Mahagoni aus Afrika und Brasilien, Abstand nehmen, denn Teak- und Mahagonibaumbestände lassen sich nur langsam wieder aufforsten, und ihr Abholzen hat eine weitere Zerstörung der ohnehin bereits gefährdeten Regenwälder zur Folge.

Zu den reichlich vorhandenen Weichhölzern gehören Tanne, Fichte, Lärche und Kiefer. Weichhölzer werden am häufigsten für Möbel und Innenraumarbeiten verwendet. Sie sind leicht zu bearbeiten und strapazierfähig, wenn sie beispielsweise mit Lack, Lasur oder Beize behandelt werden.

Verwendung von Holz

Holz als dekorative Innenraumausstattung ist strapazierfähig und gemütlich. Nut- und Feder-Bretter für die Verkleidung in Fluren, Wohnzimmern, Küchen und Badezimmern erzeugen augenblicklich eine behagliche Atmosphäre. Sie eignen sich nicht nur dazu, häßliche Rohrleitungen oder uneben verputzte Wände abzudecken, sondern wirken auch äußerst dekorativ.

Alternativen zu Holz

An Stelle von Holz kann man unter anderem Rohr und Gräser verwenden, so zum Beispiel Bambus und Rattan. Wie mit tropischen Harthölzern, so ist auch mit diesen Materialien in den letzten Jahren Raubbau betrieben worden, so daß man sich nach Möglichkeit vergewissern sollte, daß Korb- und Rattanmöbel auch wirklich aus kontrolliertem Anbau stammen. Die Verwendung der preiswerteren Alternativen zu Holz, wie Holzspan- und Holzfaserplatten, sollte man möglichst auf ein Minimum beschränken, da diese aus Holzspänen und Fasern bestehen, die mit verschiedenen formaldehydhaltigen Harzen gebunden werden. Formaldehyd steht jedoch im Verdacht, Krebs zu erregen. Die schädlichen Wirkungen dieser Materialien lassen sich minimieren, indem man die Platten mit ungiftigen Lacken und/oder Lasuren streicht.

FÄRBEN VON NATURFASERSTOFFEN

Für eine farbenfrohe, natürliche Raumgestaltung kann man Stoffe oder Garne mit pflanzlichen Farbstoffen färben. Sie ergeben weiche, schimmernde Farbtöne, wie sie mit herkömmlichen synthetischen Farben nur selten erzielt werden.

Stoffe zum Färben

Zunächst sollte man versuchsweise eine kleine Fläche des Stoffes färben, um festzustellen, wie er auf die Farbe reagiert. Am besten probiert man es zunächst mit billigen Stoffen wie Musselin und ungebleichter Baumwolle. Erst dann sollte man sich an kostbarere Materialien heranwagen, wie beispielsweise Leinen und Seide. Vorhänge in kräftigen Farben erhält man durch die Knüpfbatiktechnik oder mit Batikmotiven in leuchtendem Ockergelb und Terrakottatönen.

Pflanzliche Farbstoffe

Die folgenden Farbtöne erzielt man mit den entsprechenden Pflanzen:

Koschenillerot: Fuchsie

Burgunderrot: Brasilrotholz

Blau: Färberwaidblätter (von der wildwachsenden Pflanze *Isatis tinctoria*)

Grün: Färberwau (von *Reseda luteola*, auch als Gelbkraut bekannt).

FÄRBETECHNIKEN

Batik

Batik ist eine in Indonesien entwickelte Färbetechnik. Eine Mischung aus Wachs, Harz, Öl, Paraffin, Reis- und Bohnenpaste oder Schlamm wird auf die Stoffflächen aufgetragen, in die der Farbstoff nicht eindringen soll. Nach dem Färben wird die Schutzschicht ausgewaschen. Die Batikschablonen können sehr dekorativ sein. Mit ähnlichen Techniken werden afrikanische Adinkre-Tücher gefärbt.

Knüpfbatik

Die Knüpfbatik basiert auf dem Prinzip der Farbabweisung. Der Stoff wird an den Stellen, die ungefärbt bleiben sollen, abgebunden oder verknotet.

Garnfärben

Mit dieser Methode wird Garn gefärbt, bevor es zu Stoff gewebt oder Stoffe damit vernäht werden.

Ikat

Ikat ist eine Färbetechnik, bei der entweder die Kett- oder die Schußfäden oder beide vor dem Weben eines Stoffes zusammengebunden und in Farbe getaucht werden, wodurch Muster entstehen.

DEKORATIVES ARRANGIEREN VON NATÜRLICHEN OBJEKTEN

Regale

Hängeregale kann man aus alten Dielen oder Treibholz bauen. In gebrochenem Weiß oder Kreideblau gestrichen, ergeben sie eine dekorative Stellfläche.

Getrocknete Blumen, Gräser, Samenschoten und -kapseln

Man kann die zarten Blüten von Rosen und Hortensien einfach trocknen lassen und die Blumen in einer Vase aus klarem Glas, locker arrangiert, auf eine Fensterbank stellen, um das Licht einzufangen. Auch vor einer Tischlampe mit Papierschirm kommen die natürlichen Texturen wunderbar zur Geltung. Samenschoten und -kapseln, wie zum Beispiel von Kerbel, Mondviole (Silberblatt), Mohnblumen, Gräsern, Gerste und Weizen, mit ihren ausgesprochen abwechslungsreichen Formen, Texturen und neutralen Farbtönen wirken wunderschön in einem weiß oder cremefarben gestalteten Raum.

Kostbare Funde

Beim Spaziergang im Grünen oder am Strand findet man mitunter merkwürdige und schöne Dinge, Abfallprodukte der Zivilisation oder der Natur: Interessant geformte Äste und Zweige, Tannen- und Kiefernzapfen, ungewöhnliche Blätter, Seetang, alte Schiffstaue, Steine, Seesterne und Muscheln – aus all dem kann man hübsche und originelle Dekorationsobjekte herstellen, die mit jeder natürlichen Raumgestaltung hamonieren. Zu Hause arrangiert man dann seine Funde zwanglos in einem Glasbehälter oder bastelt etwas daraus, zum Beispiel ein kleines Fischerboot aus einem Stück Treibholz. Ein gewundener Ast sieht aus wie gebleichtes oder verwittertes Holz, wenn man ihn mit dünner weißer Farbe streicht, und auch Laub und Tannenzapfen können durch Vergolden veredelt werden.

Obst und Gemüse

Fädelt man Melonen- oder Sonnenblumenkerne auf dicke Juteschnur, hat man hübsche Raffhalter für Vorhänge. Kürbisse in allen Formen und Größen kann man an einem dunklen Platz trocknen lassen und dann mit Schellack streichen. Die natürlichen Ocker- und Sandtöne heben sich gut von einer weißen Porzellanschüssel ab.

Körbe

Einrichtungsgeschäfte und Gartencenter führen mittlerweile ein großes Sortiment von geflochtenen Körben. Sie sind nicht nur äußerst dekorativ und praktisch, sondern eignen sich auch hervorragend zum Arrangieren von farbenfrohen oder markant texturierten Früchten wie Zitronen und Limonen, Kumquats und Kiwis. Sehr schön wirken Kiefernzapfen, Herbstblätter und Muscheln in einem Korb, der farblich zu seinem Inhalt paßt. Eine Ansammlung großer Steine in einem weiten Korb für Holzscheite wirkt neben dem Kamin sehr eindrucksvoll.

Glas

Aus Glasbehältern und -vasen werden regelrechte Schaukästen, wenn man sie reichlich mit Funden vom Strand, unterschiedlich texturierten Naturstoffen, mit Knöpfen, Quasten oder Seidenbändern füllt. Eine erstaunliche Wirkung erzielt man auch mit verschiedenen Altglasobjekten in leuchtenden Blau- und Grüntönen auf einer Fensterbank oder einem Regal; sie machen sich auch gut auf dem Sims einer halbhohen Wandverkleidung aus Profilbrettern.

Stoffbeutel und Duftsäckchen

Getrocknete Blätter von Lavendel und Eberraute oder Rindenspäne lassen sich lagern und aufbewahren, wenn man sie in an Gingham- oder Drillichbändern aufhängte Kalikosäckchen füllt.

BEZUGSQUELLEN

ALLGEMEIN

Ambiente Einrichtungen
Ruhrstr. 42 - 44
58452 Witten
Tel.: 0 23 02/2 29 40

Ambiente Natur
Friedrich-Ebert-Str. 15
34117 Kassel
Tel.: 05 61/1 66 66

Aurelia – Gesund Wohnen
Industriestr. 105
75417 Mühlacker
Tel.: 0 70 41/ 70 77

Eckhart Bald
Das Naturmöbelhaus
Weseler Str. 628
48163 Münster
Tel.: 02 51/71 95 85

Baum im Raum
Natürliche Wohnkonzepte
Hedwigstr. 5 - 9
44809 Bochum
Tel.: 02 34/5 18 77

Biomöbel Genske GmbH
Subbelratherstr. 26a
50823 Köln
Tel.: 02 21/9 51 40 60

CV-Einrichtungen
Schützenstr. 9 - 11
56068 Koblenz
Tel.: 02 61/3 30 82

Das gesunde Haus
Dießemer Str. 69
47799 Krefeld
Tel.: 0 21 51/2 25 22

Designers House
Im Herbartgang 19
26122 Oldenburg
Tel.: 04 41/1 31 38

Die dritte Haut
Natürliche Baustoffe und Farben
Baubiologische Beratung
Venloer Str. 59
50672 Köln
Tel.: 02 21/52 54 12

Dormiente GmbH
Adickesallee 43 - 45
60322 Frankfurt
Tel.: 0 69/5 97 83 21

Am Zimmerplatz 3
35452 Heuchelheim
Tel.: 06 41/9 62 13 90

Feine Möbelei
Hannegret Richert
Wildeshauser Str. 21
26209 Kirchhatten
Tel.: 0 44 82/83 39

Gesund Wohnen
PVN GmbH
Alt-Niederursel 42
60439 Frankfurt
Tel.: 0 69/57 88 26

Hubor & Hubor GmbH
Hauptstr. 1 - 2
54675 Mettendorf
Tel.: 0 65 22/92 93-0

Interior Design
Karin Buchmann
Imbergstr. 22
A-5020 Salzburg
Tel.: 06 62/64 32 67

Jetty o Interieurs
Hauptstr.
CH-7018 Flims-Waldhaus
Tel.: 0 81/9 11 33 59

Kare Landhaus
Lindwurmstr. 76
80337 München
Tel.: 0 89/7 25 20 15
(Landhausmöbel)

Landpartie
Kurfürstenstr. 10 und 12
80799 München
Tel.: 0 89/34 85 98 und 33 79 40
(Antike Möbel, antike und neue Landhaus-Accessoires)

Mulligan's Einrichtungen
Hohenstaufenring 48 - 54
50674 Köln
Tel.: 02 21/24 22 05 und 23 72 08

Oase – Bewußtes Gehen, Sitzen, Liegen
Königstr. 15
(Fischer-Passage)
91126 Schwabach
Tel.: 0 91 22/1 28 21

Style Factory
Auersperg OEG
Martinstr. 91
A-1180 Wien
Tel.: 01/4 05 19 65

Trendwende –
Natürlich Einrichten
Alexanderstr. 19
26121 Oldenburg
Tel.: 04 41/9 83 40 30

ZBÖ – Natürliche Raumgestaltung Vertriebs GmbH
Gewerbestr. 17
79219 Staufen
Tel.: 0 76 33/50 00 16

Zink Natur
Allee 46
89610 Oberdischingen
Tel.: 0 73 05/96 56 20

MÖBEL UND HEIMTEXTILIEN

Alan Jones Designs GmbH
Thierschstr. 38
80538 München
Tel.: 0 89/22 99 77 und 22 99 33
(Englische Möbel, Stoffe, Tapeten und Accessoires)

Ambiente
Country & Home
Seckenheimer Hauptstr. 110
68239 Mannheim
Tel.: 06 21/47 90 86

Deutsche Werkstätten
Bethmannstr. 50 - 54
60311 Frankfurt
Tel.: 0 69/28 87 34

Galerie Mashallah
Schellingstr. 52
80799 München
Tel.: 0 89/27 81 80 33

Home-Store
Fischerweg 1
4690 Schwanenstadt
Tel.: 0 76 73/50 66

Kokon
Textiles Wohnen GmbH
Schloßhof 4
82229 Seefeld
Tel.: 0 81 52/99 14-0

Esslinger Str. 14
70182 Stuttgart
Tel.: 07 11/23 34 16
(Antike Möbel im Kolonialstil, Garten- und Terrassenmöbel, Kelims, Dhurries, Naturfaserstoffe)

Quilts + Textiles
Isabellastr. 48
(Eingang Hohenzollern-str. 61 B)
80796 München
Tel.: 0 89/2 78 02 08
(Quilts, Schablonen für Wandmalerei)

Radspieler & Co.
Hackenstr. 4 und 7
80331 München
Tel.: 0 89/2 35 09 80

Scan Design Domin
Husemannstr. 43
45879 Gelsenkirchen
Tel.: 02 09/2 24 69

Shaker
Ysenburgstr. 13
(Eingang Frundsbergstr.)
80634 München
Tel.: 0 89/16 22 15
(Shaker-Möbel, amerikanische Buttermilkfarben, amerikanische Volkskunst)

Sit Line Einrichtungen aus Massivholz
Fleethörn 59
24103 Kiel
Tel.: 04 31/97 02 22

Studiohaus Design + Handwerk
Deutschherrnufer 31
60594 Frankfurt
Tel.: 0 69/64 60 48 90

BODENBELÄGE

Gailing Frankfurt
Hainbuchenstr. 14a
60529 Frankfurt
Tel.: 0 69/35 04 65
(Antike Terrakottaböden und Wandfliesen, Handformfliesen, marokkanische Zementfliesen)

Gesund & Farbig Naturbauhaus
Fleethörn 59
24103 Kiel
Tel.: 04 31/97 02 88

Raumtextil Hans Eder KG
Münchnerstr. 45
A-6330 Kufstein
Tel.: 0 53 72/6 49 51

Karl Schrader
Inh. Ulrich Hoppe
Baustr. 1–5
37574 Einbeck
Tel.: 0 55 61/7 22 90
(Kork, Wolle, Sisal, Kokos, Seegras)

Vaeverie Einrichtungen GmbH
Blutenburgstr. 82
80636 München
Tel.: 0 89/1 29 19 77

Rudolf-Diesel-Str. 14
85521 Ottobrunn
Tel.: 0 89/6 29 88 80
(Kokos, Sisal, Jute, Wolle, Baumwolle, Teppiche)

FARBEN UND OBERFLÄCHENMATERIALIEN

Auro Naturfarben
Alte Frankfurter Str. 211
38122 Braunschweig
Tel.: 05 31/2 81 41-0
(Nennt auf Anfrage Händleradressen)

BIOFA-Naturprodukte GmbH
Dobelstr. 22
73087 Boll
Tel.: 0 71 64/9 40 50

C. H. Bosse GmbH
Poppenbütteler Bogen 70
22399 Hamburg
Tel.: 0 40/6 06 10 91

IRSA Lackfabrik Irmgard Sallinger GmbH
An der Günz 15
86489 Deisenhausen
Tel.: 0 82 82/40 67 und 43 85
(Nennt auf Anfrage Händleradressen)

Weitere Informationen und Adressen gibt der

Bundesverband ökologischer Einrichtungshäuser e.V.
Subbelrather Str. 26a
50823 Köln
Tel.: 02 51/26 37 07

REGISTER

DANKSAGUNG

Der Verlag dankt den folgenden Fotografen und Organisationen für die freundliche Erlaubnis zum Abdruck der Fotos in diesem Buch:

S. 2 Jean-Pierre Godeaut; S. 4f. Bernard Touillon/Côté Sud/Elizabeth Whiting & Associates; S. 5 Mitte Marc Loiseau/Archipress; S. 5 unten Tim Goffe/Conran Octopus; S. 6 Henry Bourne/Homes & Gardens/Robert Harding Syndication; S. 7 Eric Morin/Côté Sud/Elizabeth Whiting & Associates; S. 8 Jerome Darblay; S. 9 Gilles de Chabaneix/Stylist: A. M. Comte & J. Postic/Marie Claire Maison; S. 10 Ingalill Snitt; S. 11 Marie-Pierre Morel/Stylist: J. Postic/Marie Claire Maison; S. 12 Nicola Tosi/Stylist: J. Borgeaud/Marie Claire Maison; S. 13 Jerome Darblay; S. 14 Antoine Rozes; S. 15 Deidi von Schaewen; S. 17 Fritz von der Schulenburg/The Interior Archive; S. 18f. Christoph Kicherer/Yves Marbrier (Apartment: Michele Oka Doner, New York); S. 20 Dominique Vorillon; S. 21 Jan Baldwin (Andrew Mortada); S. 22 Peter Cook/Archipress (Architekten: AD Partnership); S. 23 Jean-Pierre Godeaut; S. 24 Ingalill Snitt; S. 24f. James Merrell/Woman's Journal/Robert Harding Syndication; S. 26f. Christian Sarramon; S. 28f. Ingalill Snitt; S. 29 oben und unten Torsten Hogh/Homes & Gardens/Robert Harding Syndication/Künstlerin: Anne Vilsbøll; S. 30 Jean-Pierre Godeaut; S. 31 Bernard Touillon/Côté Sud/Elizabeth Whiting & Associates; S. 32f. Alexandre Bailhache/Stylist: D. Rozensztroch/Marie Claire Maison; S. 33 Deidi von Schaewen; S. 34f. Fritz von der Schulenburg/The Interior Archive (Design: Mimmi O'Connell); S. 38 Torsten Hogh/Homes & Gardens/Robert Harding Syndication; S. 42f. Studio Brackrock; S. 44 oben Antoine Rozes; S. 44 unten John Miller; S. 45 Fritz von der Schulenburg/The Interior Archive (Design: Mimmi O'Connell); S. 46 Tom Leighton/Stylist: Sue Golden/Elle Decoration; S. 47 Fritz von der Schulenburg/The Interior Archive (Design: Richard Mudditt); S. 48 Simon Brown; S. 49 Jerome Darblay; S. 50 Fritz von der Schulenburg/The Interior Archive (Design: Diane Lamberton); S. 51 Antoine Rozes; S. 52f. Simon McBride; S. 53 rechts oben Yves Duronsoy/Côté Sud/Elizabeth Whiting & Associates; S. 53 rechts unten Jean-Pierre Godeaut; S. 53 links unten Fritz von der Schulenburg/The Interior Archive (Design: Mimmi O'Connell); S. 54 Fritz von der Schulenburg/The Interior Archive; S. 58f. Studio Brackrock; S. 60 Ingalill Snitt; S. 61 Ingalill Snitt/Stylist: D. Rozensztroch/Marie Claire Maison; S. 62f. Gilles de Chabaneix/Stylist: C. de Chabaneix & V. Meris/ Marie Claire Idées; S. 63 rechts Christophe Dugied/Stylist: J. Postic/Marie Claire Maison; S. 64 links oben und unten Bernard Touillon/Côté Sud/Elizabeth Whiting & Associates; S. 64f. Jan Baldwin/Homes & Gardens/Robert Harding Syndication; S. 66 oben Fritz von der Schulenburg/The Interior Archive (Design: Mimmi O'Connell); S. 66 unten Simon Brown/The Interior Archive; S. 67 Christopher Drake/Homes & Gardens/Robert Harding Syndication; S. 68f. Ingalill Snitt; S. 69 Debi Treloar/Homes & Gardens/Robert Harding Syndication; S. 70 Ingalill Snitt; S. 71 T. Jeanson/SIP/Elizabeth Whiting & Associates; S. 72 Christophe Dugied/Stylist: P. Ricard-André/Marie Claire Maison; S. 73 Simon Wheeler/Elle Decoration; S. 74 oben SIP/Elizabeth Whiting & Associates; S. 74 unten Cookie Kinkead; S. 75 Trevor Richards/Homes & Gardens/Robert Harding Syndication; S. 76 Antoine Rozes; S. 76f. Simon Wheeler/Elle Decoration; S. 78f. Christophe Dugied/Stylist: J. Postic/Marie Claire Maison; S. 80f. Habitat U.K. Limited; S. 86f. Jan Baldwin/Homes & Gardens/Robert Harding Syndication; S. 88 Ingalill Snitt; S. 88f. Alexandre Bailhache/Stylist: D. Rozensztroch/Marie Claire Maison; S. 90 Jerome Darblay; S. 91 Fritz von der Schulenburg/The Interior Archive; S. 92 Marie-Pierre Morel/Stylist: C. Peuch/Marie Claire Maison; S. 93 Gilles de Chabaneix/Stylist: D. Rozensztroch/Marie Claire Maison; S. 94f. Alexandre Bailhache/Stylist: J. P. Billaud/Marie Claire Maison; S. 95 Ingalill Snitt; S. 96 Simon Kenny/Belle Magazine; S. 97 Simon Wheeler/Elle Decoration; S. 98 Fritz von der Schulenburg/The Interior Archive (Design: Mimmi O'Connell); S. 98f. Simon Brown; S. 100 Christophe Dugied/Stylist: J. Postic/Marie Claire Maison; S. 102 Ingalill Snitt; S. 102f. Paul Ryan/Homes & Gardens/Robert Harding Syndication; S. 103 W. Waldron/SIP/Elizabeth Whiting & Associates; S. 104 Jan Baldwin (Andrew Mortada); S. 105 Tom Leighton/Stylist: Sue Golden/Elle Decoration; S. 106f. Richard Bryant/Arcaid (Madame Pommereau, Domaine de Sperone); S. 116 Pia Tryde/Homes & Gardens/Robert Harding Syndication; S. 117 James Merrell/Homes & Gardens/Robert Harding Syndication; S. 118 Tom Leighton/Stylist: Sue Golden/Elle Decoration; S. 119 unten Simon Brown/The Interior Archive; S. 120 links Jean-Pierre Godeaut (J. Prisca); S. 120f. Dominique Vorillon; S. 121 oben Jean-Pierre Godeaut (Yuri Kuper); S. 121 unten Simon Brown/The Interior Archive; S. 122 Christopher Drake/Homes & Gardens/Robert Harding Syndication; S. 123 Marie-Pierre Morel/Stylist: G. Le Signe & C. Peuch/Marie Claire Maison; S. 124 Fritz von der Schulenburg/The Interior Archive (Design: Mimmi O'Connell); S. 125 Jan Baldwin (Andrew Mortada); S. 126 Simon Brown/The Interior Archive; S.127 oben und unten Hannah Lewis/Stylist: Sue Parker/Elle Decoration; S. 128 oben G. de Laubier/SIP/Elizabeth Whiting & Associates; S. 136 links Gilles de Chabaneix/Stylist: D. Rozensztroch/Marie Claire Maison; S. 136 rechts Fritz von der Schulenburg/The Interior Archive; S. 137 rechts Bernard Touillon/Côté Sud/Elizabeth Whiting & Associates; S. 138 Jan Baldwin/Homes & Gardens/Robert Harding Syndication; S. 139 Simon Brown/The Interior Archive.

Die Fotos auf den folgenden Seiten fertigte James Merrell im Auftrag von Conran Octopus nach Ideen von Susan Skeen an: S. 1, 5 (oben), 19, 36f., 40 f., 43, 55ff., 59, 68, 82–85, 87, 101, 108, 110ff., 114f., 119 (links), 128 (unten), 129–135, 137 (links).

Die Autorinnen danken den folgenden Personen für ihre Mitarbeit: Carole Whittaker für die Überprüfung der Vorschläge in dem Kapitel »Möbel und Wohnaccessoires«; Keith Harrison für die Überprüfung der Vorschläge in den Kapiteln »Wände«, »Fußböden«, »Fenster und Türen« und »Dekorative Arrangements«.